100억 기업으로 만들어 M&A하라!

100억

기업으로 만들어

M&A

하라!

문강호 지음

한국경제신문*i*

기업 매각은 꿈이 아니라 도달 가능한 목표일 뿐이다

"우리 기업도 정말 매각이 가능할까요?"

"100억 원, 200억 원, 그 이상으로 키워 매각하고 싶은데 불가능하겠죠?"

기업 매각 관련 뉴스를 손쉽게 접할 수 있는 지금, 이러한 뉴스를 봐도 딴 세상 이야기처럼 들리는 사람들이 있다. 중소기업, 그중에서도 규모가 작은 30인 이하 소기업을 경영하는 기업주들이다. 몇 년 전부터 이들에게 소기업 관련 매각 소식이 많이 들려오는 이유가 있다. 베이비부머 세대들의 은퇴가 본격화되면서 중소기업에서도 창업주들의 은퇴와 2세 경영의 세대교체가 이뤄지고 있기 때문이다. 부모님이 사업체를 운영한다고 하면, 보통 자녀들은 사업을 물려받아

2세 경영을 하는 게 자연스러운 사회현상일 때가 있었다. 부모님의 인생이 담긴 기업을 물려받아 더 크게 성장시키는 게 도리처럼 여겨졌기 때문이다. 하지만 인터넷이 발달하고, 예전에는 없던 지식 산업이 생기면서 부모님 세대의 제조업 중심 산업은 홀대받기 시작했다. 흔히 '3D 업종'으로 불리며, 사람들이 육체적 노동 중심의 사업을 기피하기 시작했다. 무조건 열심히 하는 게 아니라 효율적으로 일하고, 많은 돈을 버는 사업, 직장을 선호하는 흐름이 대세가 됐다. 그러자 학교를 졸업하고 자신의 직업에 대해 고민할 나이가 된 자녀들이 무조건 부모님의 사업을 물려받는 현상이 줄어들게 됐다. 오히려 대기업 취직을 목표로 하거나, 스타트업을 시작하려는 경향이 높아졌기 때문이다. 이렇게 자녀의 승계 의지가 줄어든 상황에서 높은 상속세율로 인해 승계를 포기하는 기업주들도 늘어나게 됐다. 자연스러운 시대의 흐름이기 때문에 당연한 현상으로 받아들여야 하지만, 아무런 준비 없이 은퇴 시기를 맞는 기업주들이 늘어났고, 이 때문에 중소기업의 세대교체에 있어 예상치 못한 문제들이 발생한 것이다.

계획대로 은퇴하지 못한 기업주들은 고령인데도 어쩔 수 없이 기업 경영을 유지하고 있는 경우가 늘어났다. 사실은 당장 아무런 대책이 없고, 대책을 세울 수도 없으므로 막막하게 하루하루 경영을 이어 나가는 것이다. 하지만 결국에는 기업주도 은퇴해야 할 시기가 오는데, 이때까지 후계자를 구하지 못해 울며 겨자 먹기 식으로 매각을 추진하는 경우가 많아졌다. 그런데 여기서 큰 문제가 발생한다. 지금까지

기업을 물려줄 고민만 했지, 기업을 매각할 고민은 전혀 하지 않았기 때문이다. 큰 특징 없이 창업주의 능력으로 지금껏 유지해온 회사들은 매각 시장에서 냉정하게 평가받는다. 지금까지 회사에 쏟아부었던 열정의 값은 사라지고, 인정하기 싫은 터무니없는 가격이 시장에서의 가치임을 알게 된다. 그리고 더 이상 선택의 여지가 없는 막다른 길에 들어서면 싫어도 받아들여야 하는 상황을 마주한다. 지금까지 인생을 함께해온 기업을 허무하게 보내는 경우가 많은 것이다.

천문학적인 거래대금이 오가는 매각 뉴스부터 중소기업의 몇백억 원 매각 뉴스까지 다양한 매각 소식을 접해도 딴 세상 이야기처럼 들리는 이유가 이러한 것이다. 기업을 운영 중이지만, 매각은 아무나 할 수 없다고 느끼기 때문이다. 소기업들은 인수합병 시장에서 언제나 찬밥 신세나 다름없었다. 희소한 특허를 가지고 있거나, 특별한 기술을 가지고 상위 포지션을 차지하는 제품을 가진 기업은 소기업이라도 특허와 기술력을 가지고 기업 매각에 도전할 수 있을 것이다. 목표한 금액에 차이가 있을 뿐 실제 성공확률도 높다. 하지만 그 외 대부분의 제조업은 어떨까? 대형 사모펀드사는 물론이고, M&A 관련 종사자들이 관심을 두지 않는 경우가 많다. 거래대금의 규모가 중요한 인수합병 시장에서 소기업의 몇십억 원 규모는 몇천억 원, 몇조 원 규모에 비교할 수 없기 때문이다. 그렇다고 그들이 어떻게 해야 매각을 잘할 수 있는지 알려주는 책이나 컨설팅을 찾기도 힘들었다. 경영에 대한 원론적인 내용을 다룬 책부터, 정부지원사업이나 세금,

회계 관련 컨설팅이 주를 이뤘다. 물론 이러한 내용이 불필요한 내용
은 아니다. 중요한 내용이고 적재적소에 반드시 필요한 시기가 있는
내용이다. 다만 '소기업이 기업 매각을 위해서 어떻게 해야 하는가?'
라는 질문에는 크게 도움되지 않는다는 것이다. 그래서 매각을 하고
싶어도 매각하지 못하는 상황에 놓여 있는 소기업들을 위해 이 책을
쓰기 시작했다.

　승계를 받을 사람이 정확히 정해져 있다면 계획대로 경영 수업을
시키며 회사를 물려주면 큰 문제가 없을 것이다. 하지만 승계가 불
분명하거나 경영의 마무리에 대한 계획을 세워놓지 않은 기업이라
면 매각이라는 절차를 반드시 거치게 되어 있다. 매각이라는 순간은
내가 만들고, 키워온 기업이라고 하더라도 모든 것을 내려놓고, 금액
의 가치로 환산을 받게 된다. 만약 이 순간이 되기까지 별다른 준비
가 되어 있지 않고, 기업이 높은 가치를 받을 수 있는 준비가 되어 있
지 않다면 그 끝은 참담할 수밖에 없다. 그래서 어떻게 해야 소기업
의 입장에서 가장 빠르게 기업가치를 올릴 수 있는지를 파트별로 나
눠 구성했다.

　Part 01에서는 중소기업, 그중에서도 규모가 작은 소기업을 중심
으로 흔히 생각하는 기업 매각에 대한 오해와 소기업도 기업 매각이
가능한 이유를 기술했다. 매각이라는 말만 들었지 어렴풋이 알고 있
으며, 매각에 대한 막연한 두려움을 가지고 있는 사람에게 매각에 대
한 오해를 깰 수 있도록 했다.

Part 02에서는 기업들이 매각할 수 있는 기업이 되는 방법을 기술했다. 크게 수익과 C.B.T 구축 부분으로 나뉘는데, 현재 상황이 지속된 이유는 대부분 수익성이 고착화되어 있는 상황임을 알려주려고 했다. 또한, 기업이 확장하기 위해 필수적인 C.B.T 구축 방법에 대해 왜 C.B.T를 구축해야 하는지, 어떻게 구축하는지를 기술했다. 기업이 변화하려면 무언가 큰 변화들이 내부적으로 있어야 한다고 생각하기 쉽다. 하지만 소기업에서는 그럴 여유가 없다. 현재 가지고 있는 자원을 가지고 최대한 변할 수 있어야 한다. 그리고 어떻게 해야 효율적이고, 점진적으로 기업의 수익을 개선하고, 확장할 수 있는지에 대한 내용으로 구성했다.

마지막 Part 03에서는 매각이 목표인 기업주들이 당장 시작할 수 있는 행동에는 어떤 것이 있는지 기술했다. 당장의 큰 변화, 큰 행동으로 한순간 모든 게 바뀔 수 있다면 그 방법대로 해도 좋다. 하지만 세상에는 그러한 방법은 없다. 큰 목표를 갖는 것은 필수적이지만, 그것을 이루기 위해서는 눈앞에 놓인 작은 문제부터 차근차근 대신 빠르게 처리해나가는 방법이 진리이기 때문이다.

이 책을 읽는 사람들은 지금보다 기업을 성장시키고, 나아가 매각을 목표로 하는 사람들일 것이다. 산전수전을 모두 겪은 사람일 수도 있고, 많은 경험이 없는 사람도 있을 것이다. 자본이 넉넉한 사람일 수도 있고, 당장 이번 달을 걱정해야 하는 사람일 수도 있다. 기업 경영과 매각에 있어 성공하려는 목표는 같지만, 그에 대한 입장과 태도는 모두 다를 것이다. 하지만 목표를 이루기 위해서 다른 모든 것보다 중요한 게 사고방식임을 알아야 한다. 같은 내용을 읽고, 비슷한 해결책을 들어도 어떤 사람은 바로 행동으로 옮기고 피드백을 얻고, 다시 그에 따른 해결책을 구하는 반면, 어떤 사람은 속으로 안 될 것 같다는 부정적인 생각을 하며 결국에는 행동하지 않는 경우가 있다. 처음에는 출발점이 비슷해 보일지 몰라도, 행동과 피드백이 쌓일수록 그 차이가 점점 벌어지게 되어 있다. 기업 매각이라는 목표도 '우리 회사가 되겠어?'라고 생각한다면 기업을 끝내는 순간까지 그 목표를 이루지 못할 것이다. 하지만 '우리 회사도 반드시 100억 원 회사로! 500억 원 회사로 키우겠어!'라고 다짐하고 행동한다면, 꿈으로만 느껴졌던 매각이 점점 실현 가능하다는 것을 알게 될 것이다. 그러므로 성공과 실패를 나누는 본질적인 요소가 긍정적인 생각으로부터 나오는 행동임을 다시 한번 인지하기 바라는 마음이다.

언제든 기업의 성장과 발전, 매각에 대한 조언이 필요하면 필자를 찾아오길 바란다. 중소기업이 지금보다 한 단계 성장할 수 있는 실질적인 방법과 나아갈 방향을 알려주는 멘토 역할을 하겠다. 이 책을 통해 현재 상황에 대해 다시 한번 객관적 분석을 해보고, 나아가 미래를 대비하는 데 도움이 되길 진심으로 바란다.

중소기업 Re-Creator

문강호

차례

PART 01

오늘과 똑같이 열심히만 반복한다면
결코 기업을 매각할 수 없다

오늘과 똑같이
열심히만
반복한다면
결코 기업을
매각할 수 없다

Chapter

01

정말 우리 회사를
팔 수 있을까?

매각, M&A는
큰 회사만
하는 거 아닌가?

"우리 회사도 정말 매각할 수 있을까요?"

"상황이 매각 말고는 답이 없는 것 같은데 준비가 안 되어서…."

사장님들과 매각 관련 컨설팅을 시작할 때 가장 먼저 듣는 말이다. 뉴스에서는 "어떤 기업이 1조 원에 매각이 됐다. 금형제조업체 A가 500억 원에 기업을 매각했다" 등 기업 매각에 대한 뉴스들이 심심찮게 나오고 있지만, 막상 내 회사를 보면 매각이 될 수 있을지 의문이 먼저 들기 때문이다.

매출이 탄탄하게 나오는 것도 아니고, 그렇다고 매출이 큰 회사도 아니고, 아이템이 획기적이어서 잘나가는 회사도 아니고 … 매각이라는 말을 듣고 생각해보니 내 회사를 매수해서 좋은 게 아무것도 떠오르지 않는다. 이러한 생각이 꼬리를 물게 되면 결국 기업을 성장시키고, 매각을 꿈꿨던 것은 없던 일이 된다.

25년 동안 지역 기반 식품 제조업을 운영하는 D사 창업주는 요즘 회사를 어떻게 해야 할지 고민이 많아 잠을 못 이룰 정도다. 처음 사업을 시작하고 자리를 잡기 위해 몇 년 동안 밤낮으로 일한 결과, 지역 중소형 마트를 중심으로 매출이 늘며 인지도를 키울 수 있었다. 직원도 늘어나고 회사 규모도 커지며 지역에서 나름 잘나가는 회사로 성장하고 있었고, 창업주도 앞으로 회사가 더 성장하고 유명해질 수 있을 거라 기대하고 있었다. 그런데 그 기대는 대형 마트가 들어서면서 무너지기 시작했다. 대형 마트로 손님들이 몰리며, 거래하던 중소형 마트의 매출이 급감하기 시작했기 때문이다. 자연스럽게 자사 제품들의 매출도 떨어지기 시작했다. 지역 상권, 지역 사업주들과 상생하겠다던 본사의 말에 기대를 걸어봤지만, 제품이 입점해도 팔리지 않았다. 대기업 제품의 할인 행사와 PB 상품에 밀려 갈 곳을 잃었기 때문이다. 회사가 점점 확장해가던 시기에 위기를 맞은 D사는 결국 어쩔 수 없이 구조조정을 했고, 회사 규모도 처음 수준으로 줄어들었다. 그런데 창업주의 고민은 이때부터 시작이었다. 점점 은퇴할 나이는 다가오는데, 회사를 어떻게 해야 할지 갈피를 못 잡고 있었기 때문이다. 자녀가 회사를 물려받아 다시 잘나가는 회사로 성장시켜주길 바라는 마음이 있었지만, 창업주의 자녀는 회사가 어려운 시기에 있어 부담이 상당하고, 새벽부터 종일 고생해야 하는 게 싫다는 이유로 승계를 거부했다. 친척이나 지인 중에서도 회사를 운영할 사람을 찾지 못해 창업주는 기업을 매각해야 하나, 고민에 빠졌다.

주거래 은행, 담당 회계사, 법무사 등 아는 인맥을 총동원해 여기저기 회사를 매수할 사람을 찾아봤지만, 이마저도 쉽지 않았다. 창업주가 원하는 가격과 매수를 원하는 사람들이 제시한 가격의 편차가 너무 컸기 때문이다.

창업주는 '25년이 넘도록 인생을 걸고 키워온 회사이고, 도중에 부침이 있어 규모가 줄어들긴 했지만, 지금은 안정화 단계에 접어들었고, 앞으로 매출도 지금처럼 잘 나올 텐데 … 설비까지 하면 적어도 50억 원은 받아야 한다'라고 생각했다. 하지만 매수 가격 제시자들의 생각은 달랐다.

규모가 줄면서 영업과 전반적인 관리를 창업주가 하고 있어서 창업주가 은퇴하게 된다면 지금 나오는 매출도 장담할 수 없고, 조직 관리 시스템도 다시 만들어야 한다고 판단했기 때문이다.

한 매수자는 공장 부지, 설비 등 자산가치만 인정하고, 매수가를 30억 원으로 제시했다. 창업주는 제시한 가격을 듣고 화가 나 모든 제안을 거절하고 다른 매수자를 찾아보기로 결정했다. 하지만 시간이 지나도 자신이 원하는 가격에 매수를 제시하는 사람은 나타나지 않고, 오히려 30억 원보다 낮은 가격에 문의하는 경우가 늘어갔다. 어쩔 수 없이 기업 매각을 해야 하는 상황이 된 지금, 시간이 지날수록 급한 건 D사의 창업주였다. 매수를 문의해오는 사람 자체가 없어졌고, 기업의 가격이 점점 떨어지는 게 느껴졌기 때문이다.

결국 8개월 뒤 D사는 전국적인 영업망을 보유한 중견 식품기업 B사에 매각됐는데, 영업권과 관련된 가치는 금액적으로 인정받지 못했다. 대부분이 자산 평가 금액이며, 향후 6개월간 B사가 D사에 조직 시스템을 구축하는 기간에 창업주가 도움을 주는 조건으로 30억 원에 매각했다.

앞의 사례는 중소기업, 그중에서도 소기업이 울며 겨자 먹기 식으로 기업을 매각한 사례다. 요즘 들어 이렇게 다른 기업, 또는 사모펀드를 통해 기업이 매각되는 사례가 증가하고 있는데 그 이유가 무엇일까? 사례에서도 찾아볼 수 있듯, 이유는 크게 3가지가 있다.

첫째, 기업의 후계자가 없다. 시대가 변함에 따라 부모와 자녀들의 직업에 대한 견해 차이가 커졌다. 우선 부모 세대의 경우 자본과 노동력을 중요시하는 산업화 시대에서 생활했다. 집단 생활, 정직, 땀 흘린 만큼의 가치 등 노동력을 바탕으로 열심히 일해야 한다는 주의였다. 하지만 자녀들은 정보화를 거쳐 디지털화 시대를 살아가고 있다. 집단보다는 개인이 중심이 되고, 스스로 리더가 되어 생활하는 상황 속에서 노동력 중심이 아닌 지식 산업, 서비스 중심 산업에 익숙해졌다. 더 이상 가업을 잇는다는 명분으로 부모가 일궈 놓은 기업을 물려받아 새벽부터 저녁까지 일하려는 자녀를 찾기 힘들다는 말이다. 그리고 이러한 현상은 50대 후반에서 60대 후반에 해당하는 베이비부머 세대 창업주들의 은퇴가 본격화되면서 점점 증가하고 있다. 특히 곧 70대가 되는 창업주의 경우 매각이나 다른 방법에 대한 준비 없이 자녀에게 증여할 계획만 가지고 있다면, 비슷한 상황을 맞이했을 때 어쩔 수 없이 낮은 가격에 기업을 매각하는 경우가 늘어날 것이다.

둘째, 상속, 증여세 부담이 크다. 우리나라의 상속세 부담율은 경제협력개발기구(OECD)회원국 중 최고 수준이다. 단순 최고 세율을 비교해본다면 벨기에 80%, 프랑스 60%, 일본 55%, 한국 50%로 네 번째

다. 하지만 벨기에와 프랑스는 가족에게 상속할 때 벨기에는 80% →
30%, 프랑스는 60% → 45%로 세율이 낮아지기 때문에 단순 세율만
보더라도 55%의 일본 다음으로 두 번째다. 그런데 상속하는 지분이 대
주주 지분일 경우 20% 할증과세가 적용되는데, 이 경우 실질세율이
60%에 달하기 때문에 사실상 최고 수준이다. 상황이 이렇다 보니 중소
기업 입장에서도 갑자기 수십, 수백억 원의 세금 재원을 마련하기가 쉽
지 않고, 재원 마련을 위해 어쩔 수 없이 기업 지분을 매각하는 경우가
많다. 이렇게 지분을 매각하는 경우 경영 방식에 문제가 있을 수 있고,
일자리 감소 등 부정적인 영향도 늘어날 수 있다. 상황이 이렇다 보니
자녀 승계를 포기한 기업들은 비교적 세율 부담이 적은 기업 매각으로
눈을 돌리는 경우가 많다. 그리고 이 과정에서 기대했던 가격보다 낮게
사모펀드에 매각되는 경우가 많다.

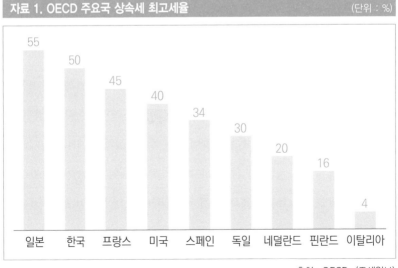

자료 1. OECD 주요국 상속세 최고세율　　　　　(단위 : %)

출처 : OECD, 〈조세일보〉

셋째, 기업 매각에 관한 관심 부족이다. 앞선 사례에서 볼 수 있듯 우리가 흔히 보는 기업 매각의 과정은 기업의 경영 상황이 여의치 않고, 이를 물려받아 기업을 다시 일으킬 후계자도 없는 상황에서 기대보다 낮은 가격에 팔리는 경우가 많다. 그 이유는 매각에 대한 어떤 준비도 없이 쫓기듯 단기간에 기업을 정리하기 때문인데, 평소에도 기업 매각에 관한 관심이 없기에 이러한 상황이 생길 때 뭐부터 해야 하는지 몰라 주로 매수자 쪽에 끌려다니는 경우가 많다. 기업 매각에 대한 사회적 인식이 가치를 인정받고 매각한다는 개념보다는 기업이 잘 안 되어서 팔린다는 인식이 강하게 자리 잡고 있기 때문이다.

즉, 기업을 매각한다는 것은 망해서 판다는 이미지를 주기 쉽다. 그러므로 기업 매각에 대한 부정적인 인식들이 쌓여왔고, 관심도 줄어들 수밖에 없었다. 하지만 기업의 연속성을 유지하는 방식이 승계 위주에서 제3자 경영으로 변하고 있어 기업 매각에 관한 관심과 준비가 점점 필수인 상황이 되어가고 있다. 지금까지는 기업 매각에 대한 정보 부족과 그로 인한 대비가 부족한 상황에서 항상 벼랑 끝에 몰리고서야 기업을 매각하는 경우가 많았다. 벼랑 끝에 몰리는 사람이 급하겠는가? 아니면 몰고 있는 사람이 급하겠는가? 당연히 협상의 주도권을 쥐고 있는 것은 매수자일 확률이 높다. 창업주는 항상 회사가 잘나갔을 때를 회상하며 평가받길 원한다. 충분히 다시 그렇게 될 수 있는 회사라고 믿기 때문이다. 그러나 현재 상황과 미래가치를 보고 판단하는 기업가치평가에서는 그간 창업주가 쌓아 올린 노력의 1/10도 인정받지 못하는 경우가 허다하다. 30년간 공장을 경영하며 호황기를 지나 지금 헐값에 기업을 매각할지 누가 알았겠는가?

- 기업의 후계자가 없다.
- 상속, 증여세 부담이 크다.
- 기업 매각에 관한 관심이 부족하다.

앞서 말한 3가지 이유는 시간이 갈수록 중소기업 사장님들의 경영과 은퇴 계획에 더 큰 부담을 주게 될 것이다. 물론 상속, 증여세의 경우 세법 개정을 통해 완화될 가능성이 있지만, 아무리 완화된다고 한들 후계자가 없다면 큰 영향을 미치지 못할 수도 있다. 이렇게 기업 경영과 은퇴하는 방식에 변화가 생김에 따라 우리는 그에 맞게 적응하고 준비해야 한다. 물론 후계자가 있다면 후계자 승계 경영을 하겠지만, 그러한 상황이 아니라면 어떻게 해야 매각이 될 수 있는 기업으로 만들 수 있을지, 어떻게 해야 지금보다 높은 가치를 인정받을 수 있는 기업으로 만들 수 있는지 관심을 가지고 준비해야 한다.

어쩔 수 없이 하는 매각은 비극일 수 있지만, 회사가 잘나가는 시기에 가치를 인정받고 높은 가격에 매각한다면 이는 오히려 많은 기회를 가져다줄 것이다. 그러므로 이제부터는 '우리 회사도 매각이 될까요?' 에서 '어떻게 해야 비싸게 매각을 잘할 수 있을까요?'라고 질문을 바꿔야 한다.

02

매각하고 싶어도 할 수 있는 상태가 아니다!

헐값에 팔릴 수밖에 없는 이유

갑작스럽게 타던 차를 팔기 위해 중고차 시장에 갔다고 가정해보자. 그런데 평소 자동차 관리에 큰 관심을 두지 않아 실내, 실외 상태도 더럽고, 타이어도 많이 닳아 있다. 엔진 오일도 언제 교체했는지 모를 정도라 차에 경고등이 들어오고, 엔진 소리도 상당히 시끄럽다. 당연히 중고차 딜러는 이런저런 상황을 설명하며 매입 가격을 조금씩 깎기 시작한다. 여기도 수리해야 하는 부분, 여기도 교체하는 부분, 이 정도 연식과 킬로 수에 2,000만 원 정도는 받을 거로 생각했다가 차 금액은 계속 낮아져 1,300만 원이라는 매입 견적을 받는다. 여기가 이상하다며 다른 곳을 찾아가 보지만, 대부분 비슷한 금액의 견적을 받게 된다면 과연 차를 팔 수 있을까? 차를 반드시 팔아야 하는 상황이라면 아마도 선택지는 정해져 있을 것이다. 마음에 들지 않지만, 어느덧 견적을 받은 내 차 시세에 적응해 그중에서 가장 비싸게 매입가를 부른 곳에 차를 팔게 된다.

우리도 기업 매각에 관한 생각이 전혀 없다가 갑자기 내 회사를 팔아야만 하는 상황이 온다면 어떨까? 앞서 말한 예시뿐만 아니라 제2의 사업을 위해, 아니면 은퇴를 위해 등등 다양한 상황들이 생길 수 있다. 처음에는 회사를 어떻게 매각하는지, 매각한다면 내 회사의 매각 가격은 어느 정도 될 수 있는지 알아볼 것이다. 그리고 어떻게 하면 회사의 가격을 조금이라도 더 비싸게 받을 수 있는지 고민하게 된다. 매각하려고 마음먹었다면 당연히 더 비싸게 매각하는 게 좋다고 생각하기 때문이다.

하지만 이 시점부터 문제가 생기기 시작한다. 우리 회사의 가치를 높여줄 장점이 아무것도 보이지 않기 때문이다. 매각 시장에 내놓고 원하는 가격에 협상하는 꿈을 꿔왔지만, 회사를 돌이켜 보니 매출과 수익률이 경쟁사 대비 높은 것도 아니고, 그렇다고 업무 방식, 영업 방식이 시스템화 되어 있어 특정 시너지를 낼 수 있는 장점이 있는 것도 아니고, 아주 유명한 브랜드 상품을 가지고 있는 것도 아니기 때문이다. 심지어 회사 외관도 마음에 안 들어 '간판을 다시 해야 하나? 인테리어를 좀 바꿔볼까?'라는 생각까지도 든다.

그렇게 내세울 게 없다는 생각이 들지만, 회사 매각을 위해 그동안 회사를 유지해온 경험을 바탕으로 나름 그동안 매출을 유지하고 어떻게 판매해왔는지, 우리가 생각하는 회사의 장점, 특징을 정리해 자료를 만들어 본다. 하지만 인수합병 시장에서 기업 평가를 하는 사람들에게는 큰 매력을 주지 못하고, 제안받은 쪽에서 우리가 원하는 가격대에 맞춰줄 곳이 한 군데도 없는 상황이 온다.

만약 이러한 상황이 계속된다면 어떻게 될까? 안타깝게도 답은 이미 정해져 있다. 기업 입장에서 상황을 바꿀 수 있는 일을 하지 않는다면 1년, 2년 같은 상황이 반복되다가 결국에는 어쩔 수 없이 그중 가장 높은 값을 부르는 곳에 기업을 매각하는 상황이 오게 된다.

즉, 매각하고 싶어도 할 수 있는 상태가 아니어서 내가 원하는 수준으로 매각할 수 없게 된다. 우리 기업은 아닐 거란 생각이 드는가? 후계자가 정확하게 정해져 있어 경영 수업과 승계를 진행 중이거나, 다른 방식으로 장수기업을 만들 방법을 이미 실행 중이라면 해당하지 않겠지만, 그렇지 못한 대부분 중소기업, 그중에서도 소기업은 머지않은 미래가 될 수도 있다.

더 이상 기회는 없을까?

한번 생각을 해보자. 우리 기업은 항상 그런저런 회사였을까? 단 한 번도 떵떵거리며 회사가 잘나갔을 때가 없었을까? 물론 일부는 처음 시작과 큰 차이 없는 규모로 계속 살아남은 회사도 있다. 비슷한 수의 직원, 비슷한 방식의 회사 경영, 비슷한 매출까지 5년, 10년, 그 이상이 지나도 변하지 않는 기업이다. 그런데 이러한 성향의 기업이 아니라면 대개는 사업을 시작해 초기 시장에서 자리를 잡게 되면 나름의 매출처를 확보하게 된다. 그리고 매출이 늘어나는 순간이 보이면, 그때 회사에서는 직원 채용을 조금씩 늘리기 시작한다. 하지만 그리 오래가지 않아 어떻게 할 수 없는 대외적 경제적 상황 때문에 다시 회사 규모가 줄어드는 경우가 많다. 그리고 다시 비슷한 매출을 유지하며 경영하는 기업이 많다.

분명 초기 사업이 자리를 잡고 매출이 점점 오르기 시작할 때, 직원을 늘리고 회사가 확장해 나갈 때 등등 잘 생각해본다면 우리 기업도 점점 회사가 잘될 때가 있었을 것이다. 그러면 그때가 우리의 기회였을까? 흔히 말하는 '박수 칠 때 떠나라'처럼 매각해야 할 때일까?

자료 2. 시그모이드 곡선(Sigmoid curve)

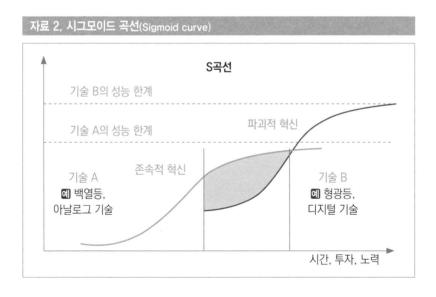

위의 그래프는 시그모이드 곡선(Sigmoid curve)이다. 수학에 사용되는 곡선으로, 각 곡선이 S자를 그리며 진행되기에 시그모이드 곡선 또는

시그모이드 S곡선이라고 불린다. 이 곡선은 기업의 시작부터 성장, 존폐의 순간까지를 나타내는 곡선인데, 시작점을 지나 곡선이 점점 가파르게 올라가는 성장기를 지나고, 이후 완만해지는 정체기가 나온다. 그리고 이후 곡선이 아래로 점점 내려가며 쇠퇴기를 맞거나, 꺾이려는 순간 새로운 곡선이 나타나며 기업의 힘이 새로운 곡선으로 집중된다. 곡선 안에 한 기업의 흥망성쇠가 나타나는 것이다. 어떤 기업은 앞서 말했던 것처럼 곡선이 쇠퇴기에 접어들어 기업이 사라지는가 하면, 어떤 기업은 새로운 곡선을 만들어 이전의 곡선보다 높은 위치에서 더 큰 도약을 한다.

즉 기업이 앞으로 계속 성장하기 위해서는 처음 시작했던 곡선이 아래로 완전히 꺾이기 전에 새로운 곡선을 만들어야 한다는 것이다.

그러면 여기서 우리는 S곡선을 보며 어느 시점이 매각할 타이밍인지를 알 수 있다. 청록색 곡선이 완만한 상승 곡선을 지날 때까지만 해도 주변 기업들과 인수합병 담당자들은 별 관심이 없을 것이다. 하지만 기업이 가파르게 상승곡선을 타기 시작하면 점점 관심을 가지기 시작한다. 기업이 급성장했다는 것은 그동안 쌓아온 노력이 빛을 보고 있다는 말이며, 시장에서 기업의 실력을 입증받았다는 증거이기 때문이다. 이렇게 업계에서 점점 이름을 알리고 매출이 안정화 단계에 접어들면, 상승 곡선도 점점 완만한 상승으로 변하게 되는데, 이 시점이 기업을 매각할 타이밍이 될 수 있다. 그 이유는 매각할 만한 매력을 갖추는 단계이기 때문이다.

첫 번째로 회사의 영향력이 생기면서 동종 업계의 경쟁사들에 확장의 기회를 줄 수 있다. 기업들이 어떤 분야가 됐든 1위를 하려는 이유가 무엇일까? 소비자들에게 1위라는 인식이 심어지면 그 효과가 생각보다 크기 때문이다. 1위 기업의 제품과 타 회사의 제품을 두고 고민할 때 특별한 이유가 없다면 1위 기업의 제품을 선택할 확률이 높다. '1위를 하는 이유가 있겠지'라는 판단에서다. 그래서 매출이 됐든, 특정한 영업권의 규모가 됐든, 경쟁사 입장에서 기업을 새로 인수해 업계 1위로 내세울 수 있는 장점이 생긴다면 인수합병을 충분히 고려해볼 만하다.

두 번째로 회사가 캐시카우 형태로 접어들었기 때문이다. 곡선이 가파르게 상승해서 점점 완만해진다는 것은 새로운 기술이 나오기 전까지 꾸준히 매출이 발생할 수 있는 단계에 접어들었다는 말이다. 이 과정에서 기업은 그간의 투자 비용을 넘어선 수익을 안정적으로 낼 수 있는데, 이 부분이 큰 매력 포인트가 될 수 있다. 기존 회사에 새로운 캐시카우를 추가하면서 안정적인 수익을 바탕으로 새로운 곡선을 만드는 데 힘을 보탤 수 있기 때문이다. 물론 '이렇게 안정적으로 수익을 주는데 매각을 할 이유가 있을까?'라는 생각이 들 수 있다. 매각하는 기업 입장에서 회사가 안정적으로 됐을 때 수익을 R&D에 투자해 새로운 곡선을 만드는 게 당연히 기업가치를 키우는 데 더 유리하다. 하지만 투자를 한다고 무조건 새로운 곡선이 만들어지는 것도 아니며, 기업이 보유한 기술적, 인적 현황에 따라 상황이 많이 달라질 수 있다. 그렇다고 지금의 안정적인 상황이 계속 지금처럼 유지될 수도 없기에 매각에 계획이 있다면 이 시기가 가치를 더 높게 인정받을 수 있는 기회일 수 있다.

하지만 현실은 항상 시작점이다

시그모이드 곡선과 비교해 기업 상황을 보는 것은 매각을 생각하는 기업 입장에서 할 수 있는 가장 이상적인 시나리오다. 그런데 문제는 현실적으로 기업의 실상이 전혀 다르다는 것이다. 시작점에서 출발해 가파른 상승곡선을 지나 안정기로 접어들어야 하는데, 상승곡선에 접어드는 것조차도 불가능한 기업이 많기 때문이다. 매출이 증가하고, 직원 수가 증가하며 회사가 확장해야 하는데, 확장은 고사하고 당장 생존 문제가 시급한 경우가 대부분이다. 시작점에서 출발한 지는 5년, 10년, 그 이상으로 시간이 흘러가지만, 달라진 게 없는 상황에서 회사의 존폐를 결정해야 하는 시기가 오는 것이다. 이러한 상황에서 이전보다 나아진 게 없고, 미래도 불투명한데, 갑자기 매각에 관심이 생겼다고 기업을 매각할 수 있을까? 아마도 대부분은 불가능하거나, 한다고 하더라도 원하지 않는 헐값에 매각하는 경우가 될 것이다.

그러면 우리가 이러한 상황에서 매각을 목표로 한다면 가장 먼저 해야 할 게 무엇일까? 바로 매각할 수 있는 기업으로 만드는 일을 해야 한다. 앞서 말한 2가지 이유, 영향력과 캐시카우 말고도 회사를 매력적으로 만드는 방법은 다양할 수 있다. 하지만 결국에는 다양한 이유의 결과가 1~2가지로 모이는데, 기업이 가치를 인정받고 매각이 잘되기 위해서는 돈을 잘 벌어야 하고, 매력적이어야 한다는 것이다. 한마디로 매각을 고려하고 가치를 높게 인정받고 싶다면, 기업을 이 2가지 이유와 비슷한 상황으로 만들어야 한다는 말이다.

03

중소기업 매각에 대한
사장님들의 오해

내 회사를 크게 키워서 지역 1위가 되자, 업계 Top 10 안에 들자, 매출 1조 원의 회사로 만들자 등등 열정으로 시작했던 처음의 목표들이 점점 현실에 부딪혀 깨지는 순간, 우리는 점점 이 목표들이 허상이라고 생각한다. 그리고 이 목표를 달성하는 것은 이제는 불가능하다고 결정해버린다. 그렇게 시간이 흐르면 흐를수록 가슴 뛰게 하던 목표에 대한 확신은 사라지고, 점점 현실적으로, 근시안적으로 변해가는 경우가 많다.

기업 매각에 대한 중소기업 사장님의 입장도 이와 비슷하다. 기업을 매각한다는 것은 단순하게 파는 행위를 넘어서 내가 그만큼 회사를 잘 키워왔고, 그간의 노력을 인정받는 것과 같다. 기업을 매각함으로써 개인적으로 은퇴를 앞당길 수도 있고, 휴식을 보낸 후 새로운 사업을 시작하며 제2의 인생을 시작할 수도 있다. 그렇기에 기업 매각을 자신의 목표로 정하는 사장님들도 점점 많아지고 있다. 회사를 키워서 300억 원에 매각하겠다, 1,000억 원에 매각하겠다, 전국적인 유통망을 갖춘 기업으로 만들어 매각하겠다 등 매각에 대한 목표도 다양하게 설정한다. 하지만 호기롭게 시작한 사업이 해가 갈수록 매출은 비슷하고, 직원은 5년째 7명을 넘지 못하는 상황에서 '도대체 이러한 상황에서 언제 목표를 이룰 수 있을까? 가능하긴 할까?'라는 생각을 계속하다 보면 '현실적으로 불가능한 게 아닐까?'라는 생각에 다다르게 된다. 그때부터는 매각이라는 큰 목표를 위해 하루하루를 계획적으로 일하는 게 아니라, 당장 눈앞의 수익만 보고 일하게 된다. 그렇게 근시안적으로 변해가며 큰 목표였던 매각은 가슴속에서 사라지고, 매각하고 싶어도 할 수 없는 상태라는 것을 인지한 순간, 우리는 매각에 대해서 부정적으로 생각하게 된다. 그리고 매각은 불가능하다고 스스로 확정하며 다양한 오해를 만드는데, 그중에서 흔하게 하는 3가지 오해가 있다.

매각을 어렵게 생각한다

중소기업 사장님들, 특히 규모가 작은 사업체 사장님일수록 매각을 어렵게 생각하는 경우가 많다. 어렵게 생각하는 가장 큰 이유는 복잡한 절차 때문인데, 가치평가부터 실사, 효과 평가, 협상, PMI 등등 듣기만 해도 많은 절차 때문에 시작할 엄두를 내지 못한다. 당연히 이 과정들을 직접 실행할 수 없을 게 뻔하고, 진행한다면 전문가를 찾아 맡겨야 하는데, 이 또한 사장님들에게는 큰 부담으로 작용하기 때문이다.

100억 기업으로 만들어 M&A하라!

물론 기업을 매각하는 과정이 쉬운 것은 아니다. 매수 당사자와 계약이 체결될 때까지 수많은 평가와 협상이 오갈 수 있기 때문이다. 하지만 기업 매각에 있어 가장 중요한 점을 인지한다면 그리 어렵게 생각할 일이 아니다.

우리 기업을 매각하기로 했다면, 왜 상대 매수자가 우리 기업을 평가하고 협상을 하겠는가?

바로 '가격'때문이다. 기업 매각, 인수합병에 있어 가장 중요한 '가격'의 의미를 안다면, 오히려 복잡하게 생각하지 않아도 된다. 매각하는 입장에서는 당연히 높은 가격을 원할 것이고, 매수하는 입장에서는 조금이라도 낮은 가격을 원할 것이다. 이러한 상황에서 각자가 가격에 영향을 줄 수 있는 중요도를 분석하고, 이를 바탕으로 협상하며 가격을 맞추게 되는데, 만약 매도자가 가치 있다고 생각하는 요소를 협상 테이블에 올렸을 때 상대방이 이를 인정해주면 예상보다 높은 가격을 받을 수도 있고, 그렇지 않다면 예상보다 낮은 가격을 제안받게 된다.

즉 다른 요소들도 중요도에 따라 경중을 따지겠지만 가장 중요한 것은 가격이다. 그러므로 기업의 매각 가격과 상대방이 이를 얼마만큼 인정해주느냐에 따라 절차는 얼마든지 간소화될 수 있고, 쉽게 진행이 될 수도 있다.

가치평가에 대한 거부감이 크다

"우리 기업을 얼마에 매각해야 좋을까?"

이는 사장님들에게 가장 어려운 질문이다. 평소 매각에 대해 고려를 해본 사장님이라면 쉽게 답이 나올 수도 있지만, 대부분 그렇지 않은 경우가 많다. 갑자기 내 회사의 가치를 매겨보라고 한다면 보유하고 있는 설비, 부동산 등을 빼고 마땅히 돈으로 환산할 수 있는 요소가 생각나지 않기 때문이다. 매각을 준비한다면 전문가에게 가치평가를 의뢰해 현재의 가치수준을 평가받아 보겠지만, 자신이 잘 모르는 분야이기 때문에 전문가의 평가에 의구심을 제기하는 경우가 많다.

왜 이리 생각보다 가치가 낮게 평가받고 있는지, 이러다가 너무 헐값에 팔리는 건 아닌지 등등 가치평가에 대한 정보가 부족하고, 어렵게 생각하기에 단편적으로 바라보는 경향이 크다.

기업주는 당연히 자신의 기업을 더 좋게 바라보는 경향이 있으므로 외부에서 기대와 다른 평가를 받으면 거부 반응이 클 수밖에 없다. 기업주들이 매각에 관심이 생겨 절차 등을 알아보다 알음알음 지인을 통해 가치평가를 받아보는 경우가 종종 있는데, 이때마다 가치평가에서 오는 괴리감을 겪게 되면 가치평가에 대한 인식은 물론이고, 매각에 대해서도 거부감과 부정적 인식이 생기게 된다.

이러한 가치평가에 대한 오해는 주로 평가방법에서 생기는 문제와 가치를 높게 받는 요소를 모르기 때문에 생긴다. 이 Part의 Chapter 02에서 간략히 나오겠지만 기업의 가치평가방법은 한 가지가 아니라

100억 기업으로 만들어 M&A하라!

여러 방법을 보완하는 방식으로 사용되고, 가치는 누가 어떻게 평가하느냐에 따라서도 달라질 수 있다. 예를 들어 우리 기업은 영업망이 탄탄하고 수익률이 경쟁사 대비 높은 기업인데, 평가하는 측에서 수익보다는 자산을 더 중요하게 생각하는 평가방법으로 가치를 매긴다면 우리에게는 손해일 수밖에 없는 것이다.

또한, 가치를 높게 받는 요소를 가지고 있지 않으면서 가치만 높게 받길 원하는 경우도 많다. 앞선 예시에 언급한 기업처럼 영업망이 탄탄한 정도가 지역의 매출 Top 5 매장을 모두 거래처로 두고 있고, 그 관계가 기업과 거래처 간의 관계로 깊게 이어져 있어 회사의 주인이 바뀌어도 매출에 타격이 없는 정도라면, 이는 확실한 이점이 될 수 있다. 기존 거래처 유통망을 활용해 추가적인 제품 매출을 이끌어내기가 훨씬 수월하기 때문이다. 이처럼 매각하는 입장에서 높은 가치를 받을 수 있는 요소를 가지고 있다면, 협상 테이블에서 높은 가치를 주장할 수 있는 근거가 된다. 하지만 대부분 중소기업에서는 이렇다 할 특징이 있는 경우가 많지 않다. 이러한 상황에서 아무리 자신이 생각하는 회사의 특징을 언급한들, 특별한 경우가 아니라면 상대방은 이를 인정하지 않는 경우가 대부분이고, 기업주 입장에서는 가치평가에 있어 더 의기소침해질 수밖에 없다.

불가능할 거라 단정 짓는다

대부분의 사장님은 아침부터 저녁까지 반복되는 회사 일을 하며 열심히 살아간다. 그런데 과연 1년 365일 매일 회사 걱정을 하고, 열심히 일하는데 일한 만큼 결과를 얻고 있을까?

얼마나 내가 원하는 결과를 얻고 있고, 사장으로서 대우를 받고 있는지에 대해 한 번쯤 되돌아볼 필요가 있다. 처음 사업을 시작하고 자리를 잡기 위해 바쁘게 하루하루를 살아왔다. 점점 수익도 생기고 직원들도 챙기면서 내가 원하던 일들도 하나씩 해나간다. 사고 싶었던 물건을 사기도 하고, 여유가 되면 일정 부분 투자를 하기도 하고, 그동안 일 때문에 소홀히 했던 가족들과 시간을 보내며 나름 뿌듯한 날들을 보낸다. 하지만 그러한 여유도 잠시뿐, 내가 없으면 제대로 돌아가지 않는 것 같은 회사를 보며 다시 일에 집중한다. 가족이나 개인적인 생활과 균형을 맞춰보려고 하지만, 아무래도 인생의 대부분은 아직 회사에 치중되어 있다. 하루가 바쁘게 지나가지만 돌이켜보면 비슷한 하루를 보낸 것 같아 막막한 느낌이 들기도 한다. 하지만 언젠가는 잘될 것으로 생각하며 다음을 맞이한다.

그렇게 몇 년이 지나도 상황만 조금 바뀌었을 뿐, 언젠가는 잘될 거라는 생각을 똑같이 하고 있다. 그러다 문득 '이 생활이 끝이 나긴 할까? 나는 부자가 될 수 있을까?'라는 고민을 하게 되면, 항상 결론은 '안 될 것 같다, 답이 없다'라는 결론을 내린다.

누구나 사업을 시작할 때는 열정이 넘치고, 뚜렷한 목표가 있었을 것이다. 소수의 직원과 작게 시작을 했지만, '몇 년 안에 매출 얼마를 돌파하겠다. 어떤 분야에서 몇 위안에 들겠다' 등의 포부를 가지고 일에 전념했을 것이다. 하지만 계획했던 일들이 하나씩 현실의 장벽에 막히는 경험을 하면서 자신감과 포부가 작아지는 경우가 많다. 앞서 말한 매각에 대한 견해나 가치평가에 대한 부정적인 생각도 이러한 작은 실패 경험들이 쌓여 무의식에 자리 잡은 경우가 대부분이다.

예를 들어 5명으로 시작한 원목제조 공장이 있었다. 100명의 직원 규모로 키우겠다는 목표를 가지고 시작해 1년간 밤낮을 가리지 않고 제조와 홍보를 한 덕분에 직원을 늘릴 수 있는 여유가 생겼다. 하지만 사장이 영업과 경영을 모두 맡아 하던 방식에서 단순한 직원 수의 확장은 오히려 독이 됐다. 직원이 늘어난 만큼 더 많은 주문을 받아와야 했기에 밖으로 영업을 하기 바쁜데, 안으로는 직원 관리가 잘되지 않아 불협화음이 잦았기 때문이다. 결국, 직원을 충원한 지 몇 달이 되지 않아 직원을 감축하고 이전 규모의 회사로 돌아가게 됐다. '제대로 된 직원이 들어오지 않아서 그런 걸까?'라는 생각에 좋은 직원을 채용하기 위해 비용을 더 들여가며 직원을 뽑았지만, 항상 일정 수 이상의 규모가 되면 비슷한 문제가 생겼다. 결국, 돈 낭비, 시간 낭비라는 생각을 하며 회사 확장을 하고 싶어도 두려움이 앞서게 됐다.

만약 앞의 예시와 같은 상황이라면 처음의 열정, 자신감은 사라지고 목표도 흐려졌을 것이다. 나의 목표는 100명 이상의 직원, 매출 1,000억 원, 속한 분야에서 Top 3 안에 드는 게 목표인데, 10명의 직원도 관리 못 하고, 항상 그 수준에서 위기를 맞았기 때문이다. 이러한 상황이 자주 발생하게 되면 호기롭던 목표에 대한 자신감 상실은 물론이고, 현재의 매출, 수익, 직원들 월급 걱정이 우선순위가 된다. 이렇게 점점 부정적인 생각들이 쌓이면, 회사 확장, 기업 발전, 기업 매각은 고사하고, 지금의 이익에 집중하는 경우가 많아진다.

이러한 상황이 특정 사장님에게만 일어날 것으로 생각한다면 착각이다. 조직체계를 제대로 갖췄다고 생각한 기업에서도 이러한 문제가 흔하게 발생하는데, 조직체계도 불안정하고, 시스템도 확립되지 않은 곳에서는 얼마나 더 심하겠는가? 분명 그들도 내 회사를 크게 키워 주식 시장에 상장하거나, 실력을 인정받고 멋지게 박수를 받으며 기업을 매각하고 떠나는 그림을 그렸을 것이다. 하지만 현실에 부딪히며 조금씩 꿈과 열정이 작아질 때, 첫 목표 또한 이룰 수 없는 꿈으로 바뀌어 갔을 것이다.

"매각? 상장? 우리 회사가 가능할까? 안 되지….."

매각이 불가능해 보이는 기업을 매각할 수 있는 정도의 기업으로 만들기 위해서 가장 먼저 해야 할 것은 스스로 믿음을 갖는 것이다. 우리 기업도 매각할 수 있다는 믿음을 오너 스스로 갖지 못하면 아무리 해결책을 제시하고, 특징을 만들어줘도 효과가 발휘되지 않는다. 어떤 일이든 부정적인 사람에게는 한없이 부정적으로 보이고, 긍정적인 사람에게는 무한한 기회로 보이기 마련이다. 지금보다 기업을 확장하고 싶거나, 더 나아가 매각하고 싶은 중소기업 사장님이라면 반드시 불가능할 것이라는 생각부터 떨쳐내야 한다. 그래야만 우리 회사의 좋은 점이 하나씩 보이기 시작할 것이다.

04

그렇다면 우리 회사를
살 사람이 있을까?

사장님들이 가장 궁금해하는 것 중 하나가 바로 이 질문이다.

"회사가 괜찮아지면 정말 살 사람이 있을까요?"

기업 매각, 인수합병 시장은 폐쇄적이라는 이미지가 지배적이다. 의뢰부터 선정, 실사, 평가, 협상, 심지어 매수자와 매도자 합의가 마무리되어도 일정 기간 비밀로 유지하는 예도 많기 때문이다. 물론 어느 정도 의뢰자의 요청에 따라 대상자 선정이나 협상에 있어 비밀유지가 필수인 경우도 있지만, 요즘 들어 매수자의 주체와 방법이 비교적 다양해지면서 폐쇄적인 이미지도 조금씩 없어지고 있다.

기존 시장에서의 어려움

대기업의 경우 매각 이슈가 나왔을 때 원하는 기업들과 사모펀드가 많기에 굳이 크게 알리지 않아도 많은 매수 희망자가 몰리기 쉬웠다. 하지만 중소기업의 경우 평소 눈여겨보는 곳이 아니라면 매각 의사가 있어도 이를 알리고, 매수 주체들을 모으는 데 어려움이 있었다. 그러므로 회사를 대신해 매수 희망자들에게 IR을 해줄 전문가들에게 부탁하는 경우가 대부분이었고, 조금 더 넓혀 봐도 기업 업무의 일부를 맡기는 변호사, 세무나, 회계사에게 중개를 부탁하는 경우가 대부분이었다.

전문가의 경우 빠르게 진행될 확률이 높지만, 규모가 작은 중소기업에는 큰 관심이 없는 경우가 많아 중개를 부탁할 전문가를 찾는 게 일이었다. 또한, 전문직 종사들의 경우 모두 유능한 직업을 가진 사람들이지만, 자신의 본래 업무가 우선인 경우가 많고, 기업 매각에 있어 인적 네트워크가 전문가보다 좁을 수밖에 없다. 그래서 20억 원 정도의 가치로 평가받은 중소기업에서 막상 매각을 원해 매수자를 알아봐 달라고 의뢰해도 주변에 매수자가 나타나지 않으면, 쉽사리 매수 희망자가 구해지지 않는 경우가 많은 것이다.

다양한 주체와 매각 방법

최근 몇 년 전부터 중소기업의 연속성에 대한 문제가 종종 제기되어 왔다. 뿌리 산업의 근간을 이루고 있고, 핵심기술을 보유하고 있는 기업이 많은 중소기업이지만 일할 사람이 줄어들고, 창업주를 이어 회사를 계속 경영해나갈 후계자 문제가 심각해지면서부터다. 이를 계기로 중소기업 인수합병에 관한 관심이 예전보다 올라갔고, 정부에서도 이를 활성화하기 위해 기업의 매수, 매도 물건을 올릴 수 있는 플랫폼을 만들기도 했다. 또한, 그동안 대기업을 중심으로 활동했던 사모펀드들도 중소기업 인수합병 시장에 적극적으로 뛰어들고 있다. 매각에 관심이 없어 알 수 없었던 기업들이었지만, 막상 인수합병 시장에 나오니 건실한 알짜 회사가 많다고 판단했기 때문이다.

금융계 쪽에서도 기존 기업 인수합병을 담당하는 부서에서 중소기업 전문 부서를 따로 신설하는 예도 생겼고, 의뢰가 들어오면 직접 엑시트 사모펀드를 조성해 기업을 인수해 경영을 지속하는 곳도 생겨났다. 이러한 흐름을 언급한 이유는 다름 아닌 기업 매각에 있어 매수 주체가 다양해졌음을 말하기 위함이다. 물론 지금도 다른 분야에 비해 폐쇄적인 부분이 많지만, 예전과 비교했을 때 거래 주체의 수, 주체 간의 정보교류 측면에 있어 훨씬 많은 정보를 얻을 수 있게 됐다.

우리가 고민해야 할 건 '살 사람'이 아니라 '주도권'이다!

일회용 채혈침 및 디바이스를 생산하는 보성메디텍은 기존 채혈침과 채혈기의 문제점을 감소시킨 제품을 개발, 생산하는 중소기업이었다. 혈당 체크용 채혈침 분야에서 기존 제품들의 재사용 문제 및 침 분리 및 폐기 과정에서 부주의로 인한 감염 사고 가능성을 획기적으로 줄일 수 있는 제품 기술을 개발, 국내 및 미국과 중국 등에서 특허를 취득했는데, 막상 판매하려고 보니 마케팅과 영업력에 큰 한계를 느끼게 됐다.

이 시기에 같은 공단에 위치한 의료기 도매업체 메디칼써프라이가 보성메디텍에 관심을 보였고, 사업 다각화를 위한 인수합병을 진행했다. 보성메디텍 입장에서 기업을 매각한 셈인데, 당시 보성메디텍의 매출액은 8억 원이었고, 메디칼써프라이에 매도한 금액은 15억 원이었다.

이 사례처럼 우리가 생각하는 것보다 훨씬 더 작은 규모의 회사들도 기업 매각이 진행된다. 매각이 가능한 이유가 무엇이었을까? 매출액도 그리 크지 않고, 영업망이 갖춰진 상황도 아니었는데, 단지 사업 다각화를 위해서라는 이유만으로 보성메디텍을 인수하지는 않았을 것이다.

기존 의료기 도매업을 진행하던 메디칼써프라이는 100억 원이 넘는 매출을 올리는 회사였고, 당연히 상당수의 종합병원 및 대학병원을 중심으로 제품을 공급하고 있었기에 기존의 영업망을 바탕으로 새로운 품목을 추가하고자 했을 것이다. 채혈침 자체가 혈당 체크용이기 때문에 지속적인 수요가 있을 수밖에 없고, 그 안에서 기술력 있는 제품이 마케팅과 영업으로 뿌리내리게 된다면 새로운 캐시카우가 될 수 있기 때문이다.

다만 개인적으로 아쉬운 점은 '보성메디텍이 기술 특허를 취득한 상황에서 한계를 느낀 영업력을 극복하고, 자사에서 영업 조직을 만들거나, 또는 자사가 일정 부분 관리할 수 있는 영업 외주 시스템 활용으로 직접 판매를 했으면 어땠을까?'라는 생각이 들었다. 영업 조직이 기술력을 바탕으로 판매를 진행하고 성과를 내는 시기를 만들 수 있다면, 영업 조직의 확장뿐만 아니라 회사의 확장이 훨씬 더 빠르게 이어질 수 있기 때문이다. 다음에 나오겠지만 이 과정을 통해서 '돈 버는 기업, 매력적인 기업'으로 만들어질 수 있기 때문이다. 이는 곧 인수합병 시장에서 주도권을 쥘 수 있음을 뜻하는데, 이 주도권이 회사의 가치를 높이기 위해 앞으로 우리가 만들어야 할 중요한 요소다.

이미 기술력으로는 여러 장점을 보유한 보성메디텍이 만약 영업 조직을 갖추고, 회사의 시스템을 견고하게 구축했다면 어땠을까? 아마 훨씬 더 높은 금액에 매각될 가능성이 컸을 것이다. 하지만 그 전에 영업, 마케팅 등 자체적인 시스템으로 크게 돈이 벌리지 않는 상황이었기 때문에 기술력만을 가지고 매도했을 가능성이 크다.

다행히 기술력을 가지고 있었기 때문에 그 부분을 인정한 기업이 매수했지만, 만약 특별한 기술력이 없는 일반 의료용품 제조기업이었다면 어땠을까? 아마 쉽게 매각되지는 않았을 것이다. 된다고 해도 보유한 자산 가치에 근접한 가격으로 매각됐을 것이다.

중소기업은 특별한 기술력을 보유한 기업보다 그렇지 않은 기업이 훨씬 많다. 하지만 그런데도 일정 부분 매출을 발생시키고 있고, 꾸준히 업력을 쌓아가는 기업들이 많다. 회사가 매출을 일으킨다는 것은 누군가에게는 제품, 서비스가 팔린다는 말이며, 그 누군가에겐 어떤 이유가 됐든 특정 회사의 제품, 서비스를 구매함으로써 만족을 얻기 때문이다.

그러므로 여기서 중요한 점은 특별한 기술력을 보유하고 있지 않아도 향후 더 높은 가치의 기업을 만들기 위해 만족을 얻는 요소들을 더 강화해야 한다. 그리고 나아가 그 요소를 바탕으로 판매를 확장하고, 우리 회사만의 시스템을 만들어야 한다. 그래야지만 '누가 우리 회사를 사기나 할까?'라는 고민이 아니라, '다수의 희망자 중에 누구에게 팔아야 할까?'라는 고민의 주도권을 쥘 수 있기 때문이다.

Chapter

02

우리 회사의 가치는
얼마일까?

01

우리 회사에 맞는
가치평가방법은?

　기업 매각에서 가격은 가장 중요하고, 민감한 부분이다. 매각하는 사업주의 입장에서는 당연히 높은 가격을 받길 원하고, 인수자의 입장에서는 자신이 생각한 기준가격보다 낮게 인수하길 원한다. 아무리 현 상황이 좋고, 미래가 기대되는 기업이라고 하더라도 자신이 생각한 기준보다 지나치게 높은 가격으로 인수를 진행한다면, 투자 대비 수익률이 낮아지게 되고, 향후 계획에 있어 차질이 생길 수 있기 때문이다. 하지만 역으로 생각해본다면 기업 매각에 있어 진행되는 대부분의 절차들이 가격 협상을 위한 행위들이기 때문에 핵심 요소인 '가격문제'만 해결한다면 기업 매각은 양측 모두 인정하고, 만족할 수 있는 거래가 될 수 있다. 그러므로 우리는 이러한 불필요한 협상의 시간을 줄이기 위해 가치평가를 객관적으로 해야 한다.

100억 기업으로 만들어 M&A하라!

가치평가의 종류

흔히 '굴뚝 산업'이라고 부르는 제조업 중심에서 플랫폼 산업 및 이전에는 없던 다양한 산업 분야가 생겨났다. 그렇기에 기업 매각에 있어서 각 거래 주체들의 가치에 대한 괴리를 없애기 위한 다양한 가치평가 방법들이 생겨나기 시작했다. 예를 들어 플랫폼 기업의 가치를 평가할 때 이용자 수, 가입자 수의 증가율, 향후 연계 가능한 분야의 성장성 등을 중심으로 가치를 평가했는데, 이 방식을 그대로 가져와 식품 제조공장의 가치를 평가한다면 인정할 수 없는 가치가 계산된다. 그러므로 기업가치를 평가할 때는 일반적으로 사용하는 평가방법과 다양한 방법들을 보충적으로 함께 사용해 가치를 평가한다. 여기에서는 일반적으로 사용하는 3가지 가치평가방법인 수익가치평가법, 상대가치평가법, 자산가치평가법에 대해 알아보려 한다. 물론 이 3가지 방법들도 기업 상황과 매수, 매도자에 따라 한 가지만 선택해서 평가하지 않고, 여러 방법을 사용해 종합적으로 평가하는 게 대부분이다.

자료 3. 기업의 가치평가방법론

구분	평가방법론	주요 내용
수익가치	• DCF(Discounted Cash Flow Valuation) • 회계상 이익	• 미래 잉여현금 흐름의 할인 • 미래 회계상 이익을 가중
상대가치	• PER(Price/Earning Ratio) • PBR(Price/Book Value Ratio) • PSR(Price/Sales Ratio)	• 주가/주당순이익 비율 • 주가/주당순자산 비율 • 주가/주당매출액 비율
자산가치	• 장부가치(Book Value) • 청산가치(Liquidated Value) • 시가평가가치(Market Value)	• 자산의 장부가액 평가 • 자산의 청산가액 평가 • 자산의 시장 평가액 평가

① 수익가치평가법

수익가치평가법에서는 현금흐름할인법(DCF, Discounted Cash Flow)을 대부분 적용한다. 이 방법은 회사의 수익성과 성장성을 바탕으로 평가하는 방법인데, 지금 우리 회사가 이만큼 수익을 내고 있고, 앞으로 이렇게 수익을 낼 수 있으므로 ○○의 가치가 나온다는 평가방법이다. 내년에도, 내후년에도, 그리고 이후에도 얼마의 수익을 낼 수 있다는 것에는 그만한 근거가 있어야 하고, 그 근거를 바탕으로 평가를 하게 된다. 이렇게 미래에 기대되는 현금흐름을 일정 할인율로 계산해 나오는 현재가치를 기업의 가치로 평가하는 방법이다. 현금흐름할인법의 경우 크게 영업과 비영업 부분으로 나누어 계산하는데, 우선 영업 활동으로 인해 발생하는 현금흐름을 구하고, 기업의 위험도를 반영할 수 있는 가중평균자본비용(WACC) 할인율로 할인해 산정한다. 가중평균자본비용은 부채, 우선주, 보통주, 유보이익 등 기업의 자본조달원천에서 그 자본이 총자본에서 차지하는 비중을 바탕으로 구한다. 자본조달의 방법이 어떻게 구성되어 있느냐에 따라 재무적 위험도가 달라질 수 있기에 사용하는 방식이다. 그리고 비영업의 경우 비영업용자산이 가지는 본래의 가치와 그 자산으로부터 발생하는 미래의 현금흐름을 할인해 계산한다.

현금흐름할인법의 경우 현재 기업이 얼마를 벌고, 얼마를 쓰고 있는지, 실제 현금흐름을 바탕으로 평가하는 방식이기 때문에 가격협상에 있어 추정치를 구체적으로 알기 쉽다는 장점이 있다. 그래서 가장 기본적으로 많이 사용되는 평가방법이다. 그러나 수익성과 성장성에 대해

평가하는 사람마다 판단이 다를 수 있어 주관적인 지표가 많이 반영될 수 있다는 단점이 있다. 또한, 현금흐름이 바탕이 되기 때문에 무엇보다 재무제표가 가장 중요한데, 재무가 부실한 기업의 경우 적용하기 어려울 수 있다.

체외진단 의료기기 기업인 '주식회사 에프에이'가 코스닥 상장회사 '에이치엘비(HLB)'에 1,019억 원에 인수됐다. 에이치엘비가 밝힌 인수 이유는 안정적인 영업익 확보 및 감염병 체외진단 의료기기 분야의 사업 확장이었다. 에프에이는 2003년에 설립된 회사로 감염병 예방에 필수적인 체외진단도구, 세정제, 동물의약외품, 알콜스왑 등을 제조 및 판매하고 있는 회사다. 2021년 7월 기준, 직원수가 87명으로 등록되어 있는 에프에이는 어떻게 1,019억 원이라는 금액에 인수가 됐을까? 우선 에프에이는 자사 제품을 생산하기도 하지만, 위탁생산도 함께 맡고 있는 회사다. LG생활건강, 유한양행, 3M 등 국내 주요기업으로부터 주문을 받고 있는데, 자사 및 위탁생산 제품의 매출이 코로나를 기점으로 크게 상승했다. 2019년 기준, 에프에이의 매출액은 90억 원이었는데, 코로나가 발생한 2020년에는 매출이 600억 원으로 6배 이상 증가했다. 또한, 2021년은 1,200억 원 이상의 매출을 올릴 것으로 예상하고 있어 올해도 2배 이상의 매출 성장률을 기대하고 있다. 2년 사이에 10배가 넘는 성장을 이룬 것이다. 인수자인 에이치엘비는 만약 이러한 매출 상황이 코로나라는 이슈로 단기적 매출이라고 생각했다면 1,019억 원이라는 금액을 주고 인수하지 않았을 것이다. 현재는 매출과 수익이 큰 폭으로 증가했기에 관심을 끌 수는 있겠지만, 코로나가 점점 종식되는 경우 기업의 매출도 함께 줄어든다면 의미가 없기 때문이다. 에프에이는 자사의 품질과 생산 규모의 장점을 활용해 코로나 이전부터 영업력을 점점 늘려갔다. 국내 대기업들을 위탁주문사로 보유하고 있는 것도 그 이유다. 이미 코로나 이전부터 저변에 각인이 많이 된 제품과 회사였기에 이후에는 회사명, 브랜드 각인의 효과가 더 클 것이라고 판단했다. 인수 대금을 보더라도 매출이 2021년 예상 매출액이 1,200억 원인 회사를 1,019억 원에 인수하겠다는 것은 향후 기대 수익 창출 능력이 그만큼 뛰어날 것이라는 판단에서다.

한컴오피스라는 소프트웨어로 잘 알려진 '한글과컴퓨터'는 많은 자회사를 보유하고 있다. 그중 한컴라이프케어는 1971년 설립되어 공기호흡기, 방열복, 방화복, 소방용화학보호복 등 안정장비를 생산 및 판매하는 개인안전보호장비 국내 1위 자회사다. 특히나 소방용, 국방용, 방역용 및 산업용 마스크 분야는 독보적 점유율을 가지고 있다. 하지만 이 분야는 주로 공공기관 납품이기 때문에 눈에 띄는 매출 성장에는 한계가 있었다. 보호장비 및 마스크 관련 기술력은 보유하고 있시만, 외형적인 성장을 위해서는 일반 마스크도 생산 및 판매를 하는 것이 필수적이기 때문이다. 코로나가 발생하고 일반인의 마스크 수요가 늘어나자 한컴라이프케어는 마스크 제조기업을 탐색하기 시작했고, 마스크 생산 업체인 '대영헬스케어'를 인수했다. 특히 한컴라이프케어는 기존에 OEM(주문자상표부착생산) 방식으로 마스크를 생산해왔기에 향후 사업 확장을 위해서는 자체 생산 설비를 갖추는 것이 필수적이었다. '대영헬스케어'는 인수 당시 연간 최대 4,700만 장 규모의 마스크를 생산할 수 있는 설비를 갖추고 있었기 때문에 한컴라이프케어는 기존 OEM 방식의 생산량과 합쳐 연간 1억 장 이상 생산할 수 있는 시너지를 낼 수 있을 거라고 판단했다. 현재는 '한컴헬스케어'로 사명을 바꾸었고, '대영헬스케어' 인수 금액은 정확히 밝혀지진 않았지만, 한컴그룹의 사업보고서상의 한컴헬스케어 평가 자산이 약 260억 원으로 나타나 있는 것으로 보아 이에 상응하는 금액이지 않을까 예상한다. 한컴라이프에서 인수를 추진한 당시 한컴그룹의 성장률이 연평균 50%에 달하는 상황이었고, 다른 자회사들의 성장 및 영업 이익을 높이는 데 주력하고 있었기 때문이다.

에프에이나 대영헬스케어가 가치를 평가받았던 방법은 다른 부분이 아닌, 자사의 매출, 수익에 집중되어 있었다. 더욱 중요한 점은 '현재 발생하고 있는 매출, 수익뿐만 아니라 미래에 얼마큼의 매출, 수익을 줄 것인가?'에 대해서 인수회사가 긍정적으로 판단했다는 것이다. 그러므로 단지 현재의 매출, 영업 이익, 수익으로 가치를 평가하지 않고, 더 높은 가치로 평가받을 수 있었다.

② 상대가치평가법

상대가치평가법은 시장가치평가법이라고 하는데, 시장에 있는 유사한 기업과 비교해 가치를 평가하는 방법을 말한다. 상장기업의 경우는 주식 시장에서 매일 주가가 정해지기 때문에 여기서 형성되는 가격을 바탕으로 회사의 시장가치평가가 가능하다. 하지만 비상장회사의 경우

상장회사 같은 가격형성이 힘들어서 객관적인 시장가치를 알 수 없는 경우가 대부분이다. 그래서 동일한 업종에서 비슷한 규모의 상장기업 또는 객관적 가치평가가 가능한 회사를 참고해 가치를 평가한다.

상대가치평가법에서는 시장 승수라고 하는 배수(Multiple)가 중요한 데, 유사한 기업이 PER, EV/EBIT, EV/EBITDA의 몇 배로 거래됐는지를 알아보고 비슷한 상황에 있는 기업일 경우 그 배수를 곱해 가치를 평가하기 때문이다. 예를 들어 요즘 넓어지고 있는 OTT 시장에서 기업의 가치를 평가할 때 가입자 수, 증가율, 유지 기간 등을 평가해 일정한 배율을 곱해 가치를 평가하는 방식이다. 이렇게 재무적인 부분과 더불어 비재무적인 부분을 적용하기도 하므로 매각 대상기업이 속해 있는 산업의 평가를 잘 반영할 수 있다. 또한, 가치평가방법이 직관적이고 평가자와 매수, 매도자가 가치산정에 있어 이해가 쉬워 직관적인 협상을 할 때 유용하게 사용되는 평가법이다.

다만 상대가치평가 시 비교할 수 있는 상장기업이 없거나 유사한 평가대상 기업이 없는 경우, 또는 유사한 기업이 있어도 기업 규모의 차이가 너무 크게 날 경우 객관적 평가가 어려울 수 있다.

1인 가구의 증가로 인해 시장이 점점 커지는 사업 분야들이 많이 늘어났다. 밀키트(Meal kit, 반조리 식품) 분야도 이 중 한 분야인데, 이러한 성장세 속에서 개그맨 허경환이 CEO로 있는 '허닭'의 인수 소식이 나왔다. 2022년 1월 기준이며, 경영권을 포함한 최대 주주의 지분 일부를 인수하는 주식 매매계약(SPA)까지 체결했기에 향후 인수 절차도 무리가 없어 보인다. 허경환은 주식을 29.3% 보유하고 있는 공동대표로,

사업 초기부터 홍보를 위해 많은 활동을 했다. 단지 얼굴만 알리는 연예인 CEO가 아닌, 직접 성장을 위해 활동한 것이다. 그 결과 허닭의 2020년 매출은 350억 원이었으며, 2021년은 그 2배인 700억 원 이상으로 추정되고 있다. 허닭을 인수한 '프레시지'는 국내 밀키트 1위 업체로 '앵커에쿼티파트너스'라는 사모펀드가 경영권을 인수한 회사다. 앵커PE는 작년 11월 '닥터키친'이라는 건강, 특수식 전문몰 회사를 인수했는데, 이번에는 '허닭'을 인수한 것이다. 닭가슴살을 기반으로 사업을 진행 중인 회사가 많지만, 그중에서 '허닭'이 독보적인 지위를 갖고 있기 때문이다. '프레시지'가 평가한 '허닭'의 기업가치는 약 1,000억 원 규모인데, 매출로만 본다면 그에 비해 상당히 높은 금액이다. 하지만 볼트온 전략(유사업체 또는 연관 업종 기업을 추가로 인수해 규모의 경제를 꾀하는 전략)을 목표로 하고 있는 프레시지, 즉 앵커PE는 앞으로 밀키트 분야의 규모가 크게 확장될 것이라고 판단했다. 마치 OTT 시장의 성장성이 기대되어 단순 매출이 아닌, 다양한 방법으로 시장 승수를 구하는 것처럼 '허닭' 또한 단순 매출이 아닌, 향후 밀키트 분야의 성장성 및 이용 고객의 수, 제품 다변화 및 단가에 따른 확대 가능성 등 다양한 방법으로 기업의 가치를 평가한 것이다.

비슷한 상황으로 육가공 제조사인 '에이치제이에프(HJF)'라는 회사의 인수전도 뜨겁게 달아오르고 있다. 현재 투자 설명서 배포 후 약 15곳이 에이치제이에프를 탐색 중인 것으로 나타났다. '허닭'과 마찬가지로 급성장 중인 밀키트 시장에서 두각을 나타내고 있으며, 밀키트 공장을 추가로 신설 중에 있어 향후 사업 확장에도 기대를 주고 있다. 에이치제이에프의 추가 공장 설립 후 기대되는 예상 매출은 약 500억 원인데, 현재 매각 예상가는 1,000억 원 안팎으로 전해지고 있다. 사업 분야의 시장가치 자체가 날로 높아지는 상황이기 때문에 매출, 수익이 증가하고 건실한 회사일수록 가치를 몇 배로 인정받을 가능성이 커진다.

③ 자산가치평가법

자산가치평가법은 기업이 가진 자산을 기준으로 해서 기업가치를 평가하는 방식이다. 현재 기업이 보유하고 있는 총자산에서 총부채를 차감한 순자산을 기업의 가치로 평가하는 방법인데, 다른 평가법에 비해 상대적으로 간편한 방법으로 기업의 본래가치, 기본가치를 평가할 때 많이 사용되는 방식이다. 특히 비상장 중소기업 매각을 위한 가치평가를 할 때 많이 사용되는 방식인데, 회사의 건물 부지, 보유 부동산, 설비 등을 자산으로 평가했을 때 여기에 영업권 가치, 경영권 프리미엄, 향후 성장성, 기술력 등 다양한 요소들을 가치 상승 요인으로 추가할 수 있다. 하지만 많은 중소기업에서 이러한 추가 가치 상승 요인들이 없기에 대부분 보유한 자산에서 약간의 증감만 있을 뿐 대부분 자산의 규모에 맞는 가치로 평가되기 때문이다.

이러한 자산가치평가법의 단점은 특정 시점의 재무제표상 자산과 부채를 기준으로 평가하기 때문에 기업의 미래 현금흐름을 평가하는 데 어려움이 있다는 것이다. 앞서 말한 현금흐름할인법처럼 미래의 예상 수익을 계산하기에 어려움이 있기에 수익성을 측정하기보다는 자산을 주로 평가받을 수 있는 기업의 기본가치를 평가하는 데 사용된다. 이 경우 기업을 매각하는 사업주의 입장에서 최소한의 기준 가격으로 삼는 경우가 많다.

특별한 자산이 없는 경우 대부분은 보유한 설비, 회사 부지의 부동산 가격이 자산의 전부일 가능성이 크다. 거기에 만약 부채가 있다면 그만큼의 부채가 자산에서 빠지게 될 것이다. 많은 중소기업이 자산가치로 평가가 되는데, 이는 어떻게 보면 자산밖에는 가치로 인정될 게 없다는 말이기 때문에 거의 청산가치와 다름이 없다. 당장 모든 것을 팔았을 때 받을 수 있는 가격이라는 것이다. 그런데 그마저도 본래의 가격보다 낮을 가능성이 크다. 보유한 아파트를 빨리 팔아야 한다면 어떻게 해야겠는가? 급매로 매물을 등록하고, 가격도 시세보다는 조금 더 낮게 부르게 된다. 그래야 조금이라도 빨리 팔 수 있기 때문이다. 기업의 가치도 이와 같다. 자산가치, 청산가치로 기업을 판매하는데, 매수자가 잘 나타나지 않거나 고민을 한다면 가격을 낮춰서라도 빨리 매각을 하려 하기 때문이다. 그러므로 중소기업이 자산가치로 평가될 때는 보통 어쩔 수 없는 상황, 또는 회생절차를 밟고 있는 경우가 많다.

2019년에 휴대폰 및 가전용 커넥터 사업 업체인 '신화콘텍'이 실리콘 웨이퍼 재생업체인 'MS하이텍'을 인수한 경우가 그렇다. 신화콘텍은 인수를 진행하면서 반도체 분야를 사업 다각화의 일환으로 삼고, 미래 성장 동력을 확보하겠다고 했다. 그런데 명목상 인수금액이 1억 원이었다. 그 이유는 MS하이텍이 자본잠식 상태에 있어서 부채를 포함하는 방식으로 인수를 진행했기 때문이다.

또한, 여성복 제조 및 판매기업인 '패션플랫폼'이 여성복 브랜드 '데코앤이'를 인수한 사례도 그렇다. 데코앤이는 1993년에 코스닥에 상장했고, 이후 성장과 하락을 반복했다. 2006년에는 '이랜드월드'에 인수되며 기대감을 높이기도 했지만, 2016년과 2017년 연속 주인이 바뀌면서 하락세를 이어갔고, 결국 2018년에는 사업보고서 감사의견 거절로 인해 상장 폐지됐다. 이후 '데코앤이'는 회생절차를 신청한 후 회생계획 인가 전 인수합병을 시도하고 있었다. 레노마레이디, 보니스팍스, 헤라드레스코드 등 3개 브랜드로 연 매출 800억 원 달성하고 있는 패션플랫폼은 백화점 여성복 매출에서 상위권을 차지하고 있는 데코앤이의 브랜드 '데코'가 인수 후 시너지를 줄 수 있을 거라 판단했고, 데코앤이를 주식 취득 금액 57억 원, 데코앤이가 발행한 회사채 인수금액 38억 원, 총 95억 원에 데코앤이를 인수했다. 특히 2019년 기준, 데코앤이가 매출액 400억 원을 올리면서 이를 인수한 패션플랫폼은 1,200억 원 매출의 회사로 올라섰다. 회생절차에 있는 데코앤이를 비교적 저렴하게 인수함으로써 시장 영향력 및 매출, 수익 상승 기회의 발판을 마련한 것이다.

02

우리도 동종 업계 평균 가격을
받는 게 맞는 것인가?

가치평가를 진행하고 매각할 기업의 가격을 정할 때 기업주들이 착각하는 점이 하나 있다. 바로 기업의 가치가 특정 가격으로 정해져야 한다는 생각이다. 가치평가를 진행해 재무적, 비재무적 평가를 더해보니 30억 원의 가치가 나왔다면, 우리와 비슷한 상황의 기업들도 이 가격인지 알아본다. 그리고 동종 업계에서 비슷한 규모의 회사가 30~40억 원에 보통 매각이 됐다고 하면, 이를 받아들이는 경우가 대부분이다. 물론 가치평가 전문가에 의뢰해서 얻은 결론이므로 큰 의심을 하지 않는 경우가 많지만, 이 상황 속에는 본인 기업의 능력을 제대로 보지 못해 업계 평균 가격을 받아들이는 경우가 많다. 특히 중소기업에서 소기업으로 갈수록 업계 평균가격이 자산의 기업가치라고 생각하는 사람들이 많다. 물론 지금 당장 모든 가치를 평가했는데 자산가치만 인정을 받아 20억~30억 원의 매각 금액을 받는 게 급하다면 그대로 진행해도 아무 문제가 없을 것이다. 하지만 이러한 상황이 아니라 기업이 능력을 제대로 펼쳐서 가치를 키우고 지금보다 몇 배의 금액으로 평가받기를 원하는 기업주라면, 동종 업계 평균 가격을 맹목적으로 받아들일 필요가 없다. 오히려 받아들여서는 안 된다. 우리 기업은 여기서 뭘 더 해도 그 가격과 비슷한 범위에 있을 거라고 생각하기 쉽고, 이는 지속적으로 기업 성장에 있어 발목을 잡을 수 있기 때문이다.

이 문제에 대해서는 기업주의 입장과 매수자의 입장으로 나누어 생각해보면 쉽게 해결이 될 수 있다. 우선 기업주의 입장에서 당장은 아니더라도 기업을 더 크게 키워 매각하고 싶다는 생각을 하게 되면, 지금 우리 기업의 가치가 얼마인지부터 측정해볼 것이다. 그리고 목표치를 정하고 그에 맞는 행동을 취할 것이다. 예를 들어 현재의 기업가치가 50억 원으로 평가를 받았는데, 기업주가 최소 100억 원에서 최대 150억 원까지 평가를 받고 싶다는 목표를 잡았다면 어떻게 해야 그 가치로 인정받을 수 있는지, 기업 상황에 맞는 전략을 행동으로 취해야 한다는 것이다. 당연히 그 전략은 다양한 방법으로 나올 수 있다. 매출과 수익을 늘려 미래 수익 기대치를 올리는 방법이 될 수도 있고, 지금의 회사 영업 이익으로 쌓아둔 유보금을 가지고 미래 수익이 기대되는 부동산을 회사 명의로 구입할 수도 있다. 또한, 지불 가능한 금액 범위 안에서 지금 진행 중인 사업의 퀄리티를 높여줄 기술력, 특허권을 구매하는 방법이 있을 수도 있다. 기업의 상황, 기업주의 성향에 따라 그 전략은 아주 다양하게 나올 수가 있는 것이다. 그리고 그 전략에 따라 기업이 100억 원으로 어떻게 인정받을지 근거를 차근차근 만들어나가는 것이다.

   그리고 다음으로 매수자의 입장에서 본다면, 본인이 원하는 기업의 조건, 보유한 자산, 미래의 기대 가치 등 다양한 요소들이 있을 수 있는데, 그중에서도 매수자가 가장 크게 생각하는 요소가 있기 마련이다. 예를 들어 경기도에서 지역 기반으로 자리를 잡은 식품회사 H사가 다른 지역으로 판로를 넓히려 하는데, 이를 구축하는 게 쉽지 않은 상황이라고 생각해보자. 지역별로 지점을 만들어 전국 유통망을 이어보겠다는 생각으로 시뮬레이션을 해본다면 지역별 지점 개설, 관리자, 홍보, 영업 사원, 유통 전담 직원 등등 초기에 회사에서 구축해야 할 부분이 많아질 수밖에 없다. 그런데 우선 주요 거점으로 만들고 싶은 지역에서 지역상권을 탄탄하게 잡은 식품 중소기업 D사가 매물로 나왔다면 어떨까? 그리고 그중소기업의 영업력과 유통망이 지역에서 영향력이 있어 지금 당장 우리 제품 판매를 진행했을 때 긍정적인 평가가 나올 수 있다면 어떨까? 우선 H사는 비용을 평가해보기 시작할 것이다. 직접 지점을 만드는 데 진행되는 비용과 이후 수익이 발생되는 시간과 수익의 정도, 그리고 D를 인수해서 판매를 진행했을 때 필요한 비용과 바로 얻을 수 있는 수익 가치, 향후 커질 수 있는 수익 규모의 정도 등등 다양한 방식으로 평가를 진행해볼 것이다. 이러한 상황일 때 H사에 가장 중요한 요소는 어떤 것일까? D사가 위치한 지역의 부동산 시세일까? 보유한 설비의 수준일까? 아니다. 바로 D사가 보유한 영업권을 가장 중요하게 생각할 것이다. H사가 지금 당장 원하는 요소이고, 시너지를 크게 낼 수 있는 부분이며, 현재의 수익뿐만 아니라 미래에 더 큰 수익을 줄 수 있는 부분이라고 생각하기 때문이다. 물론 D사를 지금 바로 매수하는 게 지점을 세우는 것보다 더 큰 비용이 든다는 평가가 나올 수 있다. 하지만 지점을 세웠을 때 비용이 적게 들어도 그 이상의 수익을 낼 수 없는 상황이 된다면, 오히려 더 큰 악재로 다가올 수도 있기에 비용이 더 들어도 이를 상회하는 수익을 낼 수 있다면 매수를 고려할 것이다. 또한, D사와 조율해 영업권 사용에 비용을 지불하고 위탁판매를 하면서 차츰 매수하는 방법을 선택할 수도 있다.

이렇게 기업주와 매수자의 입장을 나누어 생각하는 이유는 기업 매각에 있어 가격은 상대적이라는 것을 말하기 위함이다. 기업주들은 자신의 기업이 특정 가격, 동종 업계의 평균으로 정해져 거래가 된다고 믿는 경우가 대부분이지만, 매수자의 입장에서는 현재 자신의 상황과 목적에 맞는 요소가 있는지가 가장 중요하기 때문이다. 나는 우리 기업을 50억 원이라고 생각했는데, 우리 기업을 관심 있게 보던 A는 자산 가치 등을 언급하며 30억~40억 원 사이를 제시할 수도 있고, 자산뿐만 아니라 영업력의 가치를 크게 받아들여 70억~80억 원을 제안하는 B가 있을 수 있다는 말이다.

이러한 점에서 볼 때 앞서 말한 것처럼 50억 원으로 평가받은 기업을 최소 100억 원에서 최대 150억 원의 회사로 만들어 매각을 원하는 기업주라면 어떻게 해야 할까? 지금 당장 해야 할 일은 회사의 상황과 특징을 되짚어 보며 지금 바로 집중해서 키울 수 있는 회사의 요소를 찾아내야 한다. 그리고 그 요소를 키울 수 있는 행동을 취해 늘려가야 하는 것이다. 이렇게 그 요소들이 커지게 되면 매출뿐만 아니라 회사 전반적인 확장이 가능한 발판을 마련해줄 것이고, 조직 구축과 함께 시스템을 구축이 쉬워질 수 있다. 이렇게 근거들을 하나씩 만들어 쌓아나갈 수 있으면 그다음은 이 요소와 시너지를 낼 수 있고, 가치를 크게 인정해줄 수 있는 상대방을 찾아야 한다. 즉, 굳이 동종 업계 평균을 고려하며 우리 기업의 가치를 한정 짓지 말아야 하는 것이다

매각이 아닌 IPO(기업공개)를 진행할 때도 이러한 요소들이 많이 나타나는데 이를 보여주는 예시가 바로 '브이원텍'의 상장 과정이다.

2017년에 디스플레이 검사장비 회사인 '브이원텍'이 주식 시장 상장을 위한 IPO(기업공개)를 진행하면서 기업의 가치를 동종 업계 평균치보다 높게 책정을 한 일이 있었다. 브이원텍이 원하는 희망 공모가는 15,200원~17,700원이었고, 이 가격으로 보면 PER(주가수익비율)이 14.1~16.4배였다. 그 당시 동종 디스플레이 업계 검사장비 PER의 평균이 12.3배였는데, 최소한의 금액도 동종 업계 평균보다 높은 가격으로 제시를 한 것이다. 그 당시 브이원텍의 매출액은 244억 원으로 규모가 큰 장비회사가 아님에도 불구하고 어떻게 이러한 금액을 제시할 수 있었을까? 브이원텍의 입장에서 본다면, 자사의 검사장비 기술력이 경쟁력 있음을 강조하고 있었다. 브이원텍은 OLED나 LCD 등 디스플레이를 제조할 때 쓰이는 압흔검사기를 주로 생산하는 업체인데, 비전검사 소프트웨어 기술을 적용한 검사장비 기술력을 인정받아 이 분야에 있어 M/S 점유율 1위를 지키고 있었고, 당시 중국 시장의 매출이 폭발적으로 증가하는 상황이었다. 이를 바탕으로 영업 이익률도 동종 장비기업 평균을 넘는 36%를 기록하며 성장세를 강조하고 있었다. 또한,

향후 2차전지, 의료기기 등으로 신규진출을 할 수 있는 기술개발을 강조하며 공모가를 제시했다. 이후 수요예측 등을 통해 진행한 결과, 브이원텍의 공모가는 제시한 금액의 상단인 17,700원으로 결정됐다.

물론 1:1로 기업을 매각하는 상황과는 다를 수 있지만, 브이원텍이 기업공개를 하는 과정에서 예상을 뛰어넘는 공모가를 제시할 수 있었던 이유는 그 맥락이 비슷하다. 자사가 M/S 1위를 할 수 있는 기술력을 보유하고 있고, 매출이 점점 증가할 가능성이 큰 상황이었기 때문에 이를 높은 가치로 인정해줄 투자자들을 찾았던 것이다.

우리의 목적은 매각하더라도 기업의 가치를 최대한 끌어올려 매각을 하는 것이다. 그렇다고 아무런 근거 없이 터무니없는 금액을 제시하자는 게 아니다. 분명히 기업마다 키울 수 있는 요소가 있고, 우리는 그 요소가 어떤 것인지 빨리 찾아 이를 가치 있게 키워야 한다는 것이다. 이를 알아채지 못하고 동종 업계 평균 금액에 사로잡혀 기업가치를 고민하게 된다면 아마 지금 꿈꾸는 금액으로 매각이 진행되는 일은 절대 없을 것이다.

03

왜 우리 회사는
항상 저평가받고 있을까?

아무리 가치평가를 좋게 받았다고 해도 기업주의 입장에서는 아쉬울 수 있다. 동종 업계 평균 정도의 가격이라고 할지라도 스스로 받아들이기 힘든 가격이라면 본인의 기업이 저평가를 받고 있다고 느끼는 것이다. 실제로 중소기업 대표들을 만나 매각한다고 가정했을 때 자신이 생각하는 기업가치를 금액으로 환산해달라고 질문하면 고민이 깊어진다. 그러나 자산의 규모와 상황을 고려해 어느 정도 원하는 금액대를 설정한 후 본인이 생각하는 가격과 전문가가 평가한 금액을 비교해보면 인정하지 못하는 경우가 대부분이다. 그리고 항상 우리 회사는 저평가를 받고 있다는 생각을 하게 된다. 왜 수많은 중소기업은 저평가를 받고 있을까? 그게 아니라면 왜 기업주들은 자신의 기업이 저평가를 받고 있다고 느낄까?

평가요소 자체가 부족하다

앞서 설명한 가치평가방법 3가지를 생각해보자. 기업가치를 평가할 때 이 3가지 평가방법뿐만 아니라 추가로 상황에 맞는 다양한 방법으로 평가하고, 여러 가지 평가방법에서 나온 결과를 고려해서 가치를 정하는 경우가 많다고 했다. 그 이유는 기업을 보는 시각이 주관적이기 때문에 매각 기업주, 매수자, 평가자 등 이해관계자들의 다양한 관점을 아울러 합의점을 찾기 위함이었다. 그런데 중소기업, 그중에서도 소기업으로 가면 갈수록 이 가치평가방법에 있어 여러 방법을 사용하는 게 제한되는 경우가 많이 있다. 시장가치법을 적용하려 해도 너무 소규모인 경우 비슷한 매각 사례를 찾아보기 힘든 경우가 많고, 있다고 하더라도 거래액 자체가 적은 경우가 많아 큰 실효성이 없을 가능성이 크기 때문이다. 또한, 수익가치평가를 위해 현금흐름할인법을 적용할 경우에도 재무제표가 제대로 갖춰져 있지 않은 경우가 많아 평가 결과를 내는 데 어려움이 있는 경우가 많다.

이 말은 기업가치를 평가하는 데 아무리 다양한 방법이 있다고 하더라도 중소기업을 평가할 때 가장 객관적으로 평가할 수 있는 방법이 자산가치법밖에는 없다는 말이다. 우리가 보는 대부분 중소기업의 경우 매년 큰 성장을 하지 못하는 경우가 많다. 만약 그러한 회사가 있다면 적어도 저평가 문제에 대해서는 깊게 고민하지도 않을 것이다. 이렇게 매년 성장하지 못한다는 것은 현재 보유하고 있는 자산을 바탕으로 비슷한 매출을 계속 이어가고 있다는 말인데, 이럴 경우 외부에서 보는 회사의 이미지는 미래 성장성에 있어 리스크를 안고 있는 회사로 보이기 쉽다. 계속 매출이 유지된다는 것은 언뜻 보면 '그래도 잘하고 있는 거 아닌가?'라는 생각이 들 수도 있지만, 하루가 다르게 경쟁사가 생기고, 대내외적으로 무슨 일이 생겨 회사가 어떻게 될지 모르는 상황에서 현상유지라는 말은 점점 뒤처지고 있다는 말과 같은 것이다.

연필을 제조하는 회사가 있다고 가정해보자. 매년 비슷한 매출을 유지하고 있었는데 스마트폰, 전자 필기구 판매가 늘어나면서 외적으로 점점 연필 수요가 감소하기 시작했다. 연필 판매망도 몇 개의 거래처를 한 명의 영업 사원이 수년째 비슷한 형태로 관리하는 상황이다. 아무리 거래처에 부탁을 해봐도 유통 거래처도 수요 감소로 인해 어쩔 수 없는 상황이라서 특별한 대안이 없다. 이렇게 매출은 점점 줄어들고 직원들을 고용하는 것마저 부담스러운 상황이 됐을 때 기업주가 회사를 매각하겠다고 시장에 내놓는다면 당신이 매수자라고 가정했을 때 어떻게 평가하겠는가? 이 회사에 특별한 영업력을 가진 조직이 구축된 것도 아니고, 연필 생산에 있어 가치 있는 기술력을 보유한 것도 아니다. 그렇다고 경영권 프리미엄을 논하기에는 회사의 상황이 좋지 않기에 긍정적인 요소로 보기도 힘들다. 이러한 상황에서 매물로 나오는 기업들을 평가하려 한다면 누가 봐도 좋아 보이고, 가치를 높게 쳐줄 만한 요소가 보이지 않는다. 그러므로 흔히 청산가치라고 하는 순자산가치로 이 회사의 가치를 평가하게 되는 것이다. 그나마 가지고 있는 부동산, 공장 부지의 가격, 감가를 계산한 설비의 가격 등등 이 회사를 매수함으로써 연필 제조를 혁신적으로 탈바꿈시켜 재건을 꿈꾸려는 투자자보다는 최대한 가격을 낮춰 매수한 후 회사의 자산을 최대한으로 활용할 방법을 찾는 사람이 대부분일 것이다. 비슷한 상황의 중소기업의 경우 원하지 않아도 이러한 방식의 평가방법밖에는 가치를 객관화시킬 수 없으므로 대부분 이렇게 자산가치법을 바탕으로 평가받게 된다.

기업주가 아무리 오랫동안 회사를 유지해오고 매출이 이만큼 나온다고 강조를 해도 대부분 그 요소들은 가치평가에 있어 긍정적인 요소가 아닌 경우가 많다. 그래서 기업주들은 이러한 부분들이 인정받지 못함을 보고 저평가를 받고 있다고 느끼게 된다. 사실은 제대로 된 긍정적인 요소들을 하나도 가지고 있지 않은 상태에서 말이다.

주관적인 요소가 대부분이다

앞의 내용과 이어지는 맥락인데, 많은 기업주가 매각 금액에 대해 비현실적인 기대를 하는 경우가 많다. 여기에는 주관적인 요소가 많이 늘어가기 때문인데, 우리나라의 M&A 거래에서 중소기업의 M&A 성사 비율이 낮은 이유기도 하다. 기업주의 입장에서는 '내가 30년을 경영한 회사고, 그간 유지해온 거래처가 이렇게 탄탄하게 받쳐주고 있는데 적어도 얼마는 받아야 하지 않겠나?'라는 생각이 강하게 자리 잡고 있다. 지나치게 높은 가격을 제시하는 예도 많고, 지금의 매출, 수익, 회사의 상황이 아주 큰 가치로 인정받아야 할 것처럼 생각하기도 한다. 특히 부동산을 보유하고 있는 회사의 경우 자신이 처음 보유했을 때보다 상승한 부동산 금액을 과도하게 반영하는 예도 있고, 미래 재개발 가능성을 등을 말하며 높은 가격을 제시하기도 한다.

하지만 매수자의 입장에 봤을 때 기업을 매수한다는 건 큰 비용이 들어가는 중대한 결정 사항이고, 매각 기업주가 말했던 것처럼 지금의 거래처와 매출, 수익이 꾸준히 유지될 수 있는지도 의문이 들기 마련이다. 유지될 수 있는 확실한 요소들이 있고, 매수자에게 확신을 줄 수 있다면 제시한 금액을 고려해보겠지만 그게 아닌, 오직 주관적인 입장으로 주장한 상황들은 큰 리스크로 다가올 수 있기 때문이다. 이러한 상황에서 매수자가 아무리 생각해도 확신이 서지 않고, 금액 또한 과도하다고 느낀다면 거래가 성사되지 않는다. 금액 차이를 좁혀보려고 협상을 해봐도 매수자의 입장에서 제시한 금액이 이제는 매각 기업주가 받아들이기에 터무니없는 금액으로 느껴질 수 있기 때문이다. '우리 기업을 이렇게 헐값에 팔라고?'라는 생각을 하게 되는 경우가 많다. 아무리 주관적인 요소라고 해도 상대방이 인정할 수 있는 내용이라면 이는 거래 시에 문제가 없겠지만, 그렇지 못한 경우가 기업 매각에 있어서는 훨씬 더 많이 발생한다.

수익성을 모르기 때문이다

우리 회사가 왜 저평가를 받고 있는지 모르는 기업주들은 이 부분을 읽고 깊게 생각을 해봐야 한다. 기업주가 생각하기에 중소기업이 왜 저평가를 받고 있는지 모르는 가장 큰 이유이기 때문이다. 투자자의 입장에서는 투자금액에 따른 최대한의 이익률을 원하기 마련이다. 만약 시장에 나온 중소제조업체를 인수하려고 평가, 분석을 해보니 매출은 100억 원인데, 매출액 영업 이익률이 3%도 안 된다면 어떨까? 실제 인수했을 시 3%가 안 되는 이익률이 나올 리스크마저 있다면 인수를 부정적으로 보게 될 것이다.

평균적으로 중견기업, 대기업, 성장성이 기대되는 기업들을 대상으로 M&A가 진행될 때 순이익의 10배 수준의 가격으로 거래되는 경우가 많다. 딱 잘라서 10배라고 확정할 순 없지만, 미래에 가져다줄 수익 근거를 확실하게 갖추고 있고, 재무적으로 탄탄하며, 업계의 상황도 긍정적이라면 평균적으로 이 정도에 거래가 된다는 것이다. 물론 이보다 높게 또는 낮게 거래되는 경우도 많다.

예를 들어 2012년 프랜차이즈 커피 브랜드인 할리스 커피는 지분 60%를 450억 원에 매각했다. 당시 할리스의 순이익이 52억 원이었고, 순이익의 14배가 조금 넘는 금액으로 매각을 진행했다. 커피 전문점이 점점 증가할 시기였기 때문에 경쟁으로 인한 가격상승 요인이 있기도 했다. 물론 여기에는 경영권 프리미엄이 포함됐기 때문에 조금 더 높은 가치를 인정받을 수 있었다.

이렇게 기반이 확실하고, 성장성이 있는 분야에는 순이익의 10배 또는 그 이상의 가치를 인정해주고 거래가 되는 게 보통이다. 그러나 중소기업의 경우 성장성이 크지 않은 경우가 많고, 순이익이 가치평가에 있어 의미가 없게 되는 예도 있어 아무리 높아도 2~3배 정도로 평가하는 게 보통이다.

여기서 순이익과 보통 평가를 받는 배수를 말한 이유는 중소기업 기업주들이 가치를 높게 받길 원하면서 정작 가장 중요한 요인인 수익성을 모르는 경우가 많기 때문이다. 기업의 본질은 무엇인가? 직원 채용으로 지역경제를 활성화하는 것일까? 사회적 책임을 함께 나누는 기업이 되는 것일까? 다양한 이유를 붙여도 기업의 본질, 기업에 있어 가장 중요한 것은 수익이다. 기업이 돈을 벌어 유지가 되고, 그 자본을 바탕으로 더 크게 확장해 나갈 때 직원 채용이나 사회적 책임 같은 일들을 함께 해결할 수 있는 것이다.

즉, 기업은 기본적으로 돈을 잘 벌어야 하고, 돈을 잘 버는 회사가 좋은 평가를 받고 높은 가치로 인정받게 된다는 말이다.

중소기업은 대부분 수익성 관리는커녕 매달 기업을 유지해 나가는 것도 벅찬 곳이 많다. 이러한 기업들이 상황이 악화해 어쩔 수 없이 시장에 매각 매물로 나온다면, 앞서 말한 것처럼 보유한 자산 외에 평가받을 것이 없게 된다. 중소기업 기업주들이 자신의 기업이 저평가를 받고 있다고 느끼는 이유는 항상 이러한 상황 안에서만 생각하기 때문이다. '어떻게 하면 현재 상황에서 수익을 늘려 그 수익을 바탕으로 가치를 더 높게 평가받을 수 있을까?'라는 고민을 하기보다, '어떻게 하면 우리가 가진 부동산을 호재와 잘 엮어서 비싸게 팔 수 있을까?'만을 고민하기 때문이다.

Part 02에서 집중적으로 다루겠지만, 기업에 있어 가장 중요한 것은 수익이다. 특히 매각을 고려하는 기업이라면 어떻게 해야 수익성을 높이고 더 많은 돈을 버는 기업으로 만들 수 있는지에 집중해야 한다. 그 수익이 늘어나면 늘어날수록 그 기업을 원하는 사람들이 많아지게 될 것이고, 더 높은 가치로 평가해줄 사람이 나타날 가능성도 크기 때문이다.

비싸게 팔리는 회사 vs
헐값에 팔리는 회사

2018년 인터넷 쇼핑몰이었던 '스타일난다'가 프랑스 화장품 회사인 로레알에 6,000억 원에 매각된 일이 한동안 뉴스로 나왔다. 동대문 시장 옷 장사부터 시작해 6,000억 원 매각의 대표가 되기까지 스타일난다의 김소희 대표의 성공 스토리를 다룬 콘텐츠가 쏟아져 나오기 시작했고, 대부분의 내용은 6,000억 원이라는 숫자에 집중됐다. 그러나 우리가 여기서 파고들어야 할 것은 로레알이 6,000억 원이라는 가격을 주고 스타일난다를 인수한 이유다. 누군가 보기에는 무슨 인터넷 쇼핑몰로 시작해서 색조 화장품을 판매하고 있는 회사를 그리 높은 가격을 주고 사느냐고 생각할 수 있다. 하지만 누군가는 이 가격으로 회사를 매수해도 그만한 이유와 가치가 있다고 생각할 수 있다. 실제로 스타일난다는 쇼핑몰 사업에서 화장품 사업 분야로 사업 영역을 넓혀 갔는데, 색조 화장품 브랜드 '3CE'를 런칭하면서 해외 진출에 박차를 가한 상황이었다. 호주, 일본, 중국, 태국 등 9개국에 150개 이상의 매장을 보유하고 있었고, 특히 시장 규모가 큰 중국에서 인지도가 높은 상황이었다. 매출액 또한 1,287억 원, 영업 이익은 278억 원을 기록하며 무서운 성장세를 달리고 있었다. 이러한 상황에서 로레알은 아시아 지역 색조 화장품 부문을 강화하기 위해 6,000억 원이라는 비용을 지불하고 스타일난다를 인수한 것이다. 이처럼 같은 회사라도 누군가에게는 비싸게 보이고, 누군가에게는 저렴하게 보일 수 있다는 점은 우리 회사도 누군가에게 비싸 보일 수 있는 이유가 있다면 보다 높은 가격에 매각될 수 있음을 말한다.

이를 잘 설명해주는 개념이 워런 버핏(Warren Buffett)이 말한 '경제적 해자'다. 해자는 '외부로부터 침입을 효율적으로 방어하기 위해 성 주변에 파 놓은 연못'을 말하는데, 기업이 연못처럼 다양한 변수가 존재하는 상황 속에서 무너지지 않고 꾸준히 또는 지속성장을 가능하게 만드는 요소를 보유하고 있을 때 사용되는 개념이다.

예를 들어 면도기 제조업체인 질레트(Gillette)의 경우 품질과 기술이 타 면도기보다 좋은 점도 있었지만, 면도기는 저렴하게 판매를 하고 소모품인 면도날을 주기적으로 구입하게 만드는 방식으로 진입장벽을 만들어갔다. 면도기에 만족을 느낀 소비자들은 시간이 지날수록 질레트에 투입한 시간과 비용을 크게 인식하고, 쉽게 타 브랜드로 바꾸지 않는 모습을 보였다. 이를 경제적 해자의 요소 중 '전환비용(Switching Cost)'이라고 하는데, 이러한 해자를 보유한 기업들은 꾸준하고, 더욱 성장할 수 있는 수익의 근거를 입증할 수 있고, 이 요소를 가치 있게 여기는 투자자에게 높은 가격을 제안받기도 한다.

그렇다면 어떤 해자를 가지고 있어야 M&A 시장에서 비싸게 팔릴 수 있는지 그 이유를 알아보도록 하자. 비싸게 팔리는 회사와 헐값에 팔릴 수밖에 없는 회사를 비교해본다면 수많은 이유가 존재하겠지만, 중소기업 입장에서 봤을 때 중요한 이유를 5가지로 정리할 수 있다.

① ROE를 따져본다

ROE(Return on Equity)는 자기자본이익률을 말하며, 구하는 식은 다음과 같다.

$$ROE = (당기순이익 / 평균\ 자기자본) \times 100(\%)$$

업계에 따라 다르지만, 보통 기업들 사이에서 ROE가 20% 이상이면 매우 높은 수준으로 평가받는다. ROE가 높을수록 자기자본을 그만큼 효율적으로 활용해 수익을 냈다는 말이기 때문이다. 투자의 대가로 불리는 워런 버핏의 주요 투자 원칙 중 하나도 ROE가 최근 3년간 연평균 15% 이상인 종목에 관심을 두는 것이다. 그만큼 ROE는 기업을 볼 때 중요한 요소로 작용한다.

그렇다면 중소기업의 입장에서 ROE가 중요한 이유가 무엇일까? 당연히 돈을 잘 버는 회사로 인식이 되기 때문이기도 하지만, 시장에서 나름의 진입장벽을 구축하고 있을 가능성이 크기 때문이다. 중소기업이 경쟁하는 시장에서는 대기업의 진입을 크게 찾아보기 힘들다. 시장의 규모가 급속도로 커지고 발전하는 섹터일 경우 대기업은 막대한 비용을 들여 진출했을 때 그 이상의 수익을 낼 수 있는 부분이 있다고 판단되면 빠르게 진입한다. 하지만 대부분의 중소기업, 중견기업이 활동하고 있는 시장은 그에 속하지 않는 부분이다. 즉 이러한 섹터에서 활동 중인 중소기업이 ROE가 높다면 시장의 파이가 아주 크진 않아도 그 안에서 나름의 확고한 위치를 차지하고 있음을 예상할 수 있다. 어떤 시장이 됐든 확고한 위치를 확보했다는 건 어떠한 상황에서도 꾸준한 수익을 발생시킬 수 있다는 말이고, 이를 바탕으로 사업 확장에 긍정적인 영향을 줄 수 있음을 말한다.

② 강력한 영업 조직이 있는가?

제조업의 형태가 많은 중소기업에서 영업 조직의 유무와 그 규모는 매우 중요하다. 필자도 강력하게 주장하는 것 중 하나가 중소기업의 영업 조직 구축인데, 그 이유는 앞서 수익성을 말하며 언급했던 돈 버는 기업이 먼저 되어야 하기 때문이다.

대기업의 경우도 영업이 중요한 요소이지만, 중소기업보다는 선택지가 많기에 중요성이 상쇄되는 예도 있다. 각종 영양제를 생산 판매하는 대기업에서 기존에 영업 사원들을 통한 판매 방식에서 인터넷 마케팅, 광고와 바이럴 마케팅을 통한 홍보로 온라인 판매 비중을 점점 더 높이는 경우가 있다. 대기업의 경우 기존의 영업 조직을 일정 기간 유지하면서 새로운 채널을 확보할 시간과 자금 여력이 있기에 이러한 방식이 가능하다.

하지만 중소기업은 상대적으로 시간과 비용이 부족하고, 보유하고 있는 자원을 집중해야 성과로 이어지는 경우가 대부분이다. 또한, 뿌리 산업이 많은 비중을 차지하고 있는 업종일수록 소비자에게 직접 판매하는 방식이 아닌, 기업 간 거래를 하는 방식이 많아서 수익을 높이고, 가치를 높이기 위해서는 매출과 직결되는 영업 조직을 강화해야 한다.

강력한 영업 조직을 구축하고 있다는 것은 특정 범위 내에서 영향력을 발휘할 수 있다는 말이고, 그러한 중소기업은 특정 범위에서 사업을 확장하려는 사람들과 시너지를 낼 가능성이 크다. 중소기업에 영업 조직이 잘 구축되어 있고, 탄탄한 기반을 다져 놓았다면 수익 창출능력과 더불어 영업권을 인정받아 더욱 높은 가치로 평가받게 될 것이다. 만약 그렇지 않다면 가치평가에서 설명했던 것처럼 자산 기반의 평가밖에 받을 수 없는 상황이 될 것이다. 이러한 상황이 회사가 헐값에 팔리는 상황인 것이다.

③ 브랜드 파워가 있는가?

강력한 브랜드 제품을 보유하고 있다는 것은 기업이 고평가를 받을 수 있는 요소가 있다는 것을 말한다. 브랜드는 기업의 이미지와 매출, 충성고객 확보에 큰 영향을 미치는데, 소비자에게 미치는 영향력이 클수록 가격, 출시일, 디자인 등 향후 제품의 기획부터 생산, 유통, 판매까지 기업이 주도권을 가지고 결정할 수 있기 때문이다. 따라서 기업들은 자사 제품을 브랜드화하기 위해 열을 올린다. 하지만 중소기업의 경우 브랜드 확보의 중요성을 제대로 인지하지 못해 실제보다 낮은 평가를 받는 곳이 많다. 대기업과 비교해 기술이나 품질이 뒤처지지 않거나 오히려 더 나은 제품을 보유하고 있음에도 제대로 브랜드화되어 있지 않아 소비자들 사이에서 중소기업 제품이라는 단일화된 이미지로 기억되는 경우가 많기 때문이다. 이렇게 막연하게 중소기업이라는 이미지 때문에 제대로 된 가치를 인정받지 못하는 현상을 '중소기업 디스카운트'라고 부른다.

아무리 중소제조업체라고 하더라도 자사에서 생산하는 제품에 대한 정체성을 깊게 고민해보고 꾸준히 그 가치를 쌓아 나가야 하는 이유도 여기에 있다. 단순하게 '우리는 자동차 문을 만드는 회사입니다'라는 인식에서 벗어나 고객들에게, 또는 우리가 만든 문이 들어간 제품을 이용하는 소비자들에게 어떤 가치를 주고 싶은가, 어떤 이미지를 심어주고 싶은가를 고민하고 제품을 홍보해야 한다는 말이다. 물론 왜 이러한 일들을 말처럼 쉽게 진행하지 못하는지는 모두 알고 있다. 브랜드 구축에 대한 중요성은 매우 공감하지만, 중소기업 자체만 놓고 보면 대기업보다 인적자원이 부족하고, 자신이 만든 가치를 소비자에게 인지시키기까지 넘어야 할 장벽들이 너무 높아 보이기 때문이다. 그래서 아예 시도조차 안 하는 경우가 대부분이다. 하지만 브랜드 구축을 통해서 우리 회사의 가치가 지금의 몇 배로 상승할 수 있다면 고려하지 않을 사람은 없을 것이다. 당연히 인력, 시간, 비용 등 다양한 자원들의 부족함

100억 기업으로 만들어 M&A하라!

을 느끼겠지만, 그 안에서 활용할 수 있는 자원을 확보해 조금씩이라도 브랜드 구축을 진행해 낮은 계단을 넘다 보면 점점 어떻게 장벽을 넘어야 할지가 보이게 된다.

'보일러 기술에 대해서는 타사에 부러울 것 없었지만, 이를 어떻게 홍보해야 차별화된 브랜드를 구축할 수 있을까?'라는 고민에서 '거꾸로 타는 보일러' 귀뚜라미 보일러가 나왔다. 처음에는 '이게 무슨 말인가?'라고 소비자들은 생각했지만, 가스비를 아껴주고, 효율이 높은 보일러라는 내용을 꾸준히 접하게 되면서 회사가 강조하던 모든 내용이 '거꾸로 타는 보일러' 한마디로 정리가 됐다. 당시에는 경쟁사도 비슷한 기술력을 가진 제품이 없었기에 차별화 포인트를 갖기에 더욱 좋은 상황이었고, 그 결과 가스비 하면 귀뚜라미 보일러라는 브랜드가 자리를 잡게 됐다.

기존에는 마트나 정육점, 수산 시장 등 저울이 필요한 곳에서 대부분 기계식 저울을 사용하고 있었다. 하지만 조작에 있어 측정이 일정하지 않고, 조작을 하는 데도 편하지가 않다는 점을 계량, 계측 전문회사 'CAS'가 파고들었다. 조금 안 맞을 수 있어도 사용하는 데 큰 불편함이 없다고 느끼는 소비자들에게 기계식 저울보다 전자식 저울이 얼마나 편하고 정확한지를 알리는 데 열을 올렸다. 오차가 적고 올려놓기만 하면 설정값에 따라 자동으로 계산이 되는 저울을 막상 사용해보니 기계식 저울과는 비교가 안 되는 편리함이 있었다. 이후 저울은 'CAS'라는 하나의 브랜드가 구축됐고, 한번 팔면 끝이 아니라 지속적인 서비스를 제공하며 브랜드 신뢰도를 쌓아 나갔다.

중소기업의 경우 브랜드를 구축하고 신뢰를 쌓아 나가는 게 당장은 막막하고 힘들어 보이겠지만, 소비자가 필요로 하는 부분과 우리 제품의 가치가 일치하는 부분을 찾는다면 의외로 빠르게 진행될 수 있다. 브랜드 구축은 단지 기술력이 좋다고 되는 것도 아니며, 어떻게 인식하느냐에 따라 다르게 만들어질 수 있기 때문이다.

이렇게 기업 자체 또는 자사 제품이 브랜드화가 된다면 매출, 수익, 충성고객이 증가하는 것은 당연하고, 가치평가를 할 때도 고평가를 받기 쉽다.

④ 기술력을 보유하고 있는가?

중소기업에는 뛰어난 기술력을 보유하고 있는 회사들이 많다. 시장 규모가 큰 곳에서 기술력 하나만 가지고 성공한 기업도 있고, 비교적 작은 시장이지만 갑자기 규모가 팽창하면서 관심 있던 대기업에 천문학적인 금액으로 인수되는 중소기업들도 있다. 이처럼 중소기업 가치평가에 있어 기술력은 고평가를 받을 수 있는 중요한 요인이다. 특히 남다른 기술력을 알아보고 미리 투자를 진행해 완성단계에 100% 지분 인수를 하는 경우도 종종 볼 수 있다. 스마트폰 카메라 기술력이 뛰어났던 이스라엘 벤처 코어 포토닉스를 삼성전자가 100% 지분 인수를 하면서 완전 인수가 됐는데, 미리 기술력을 알아본 삼성전자가 기술개발이 완성되기 전부터 상당한 투자를 진행했다. 그 결과 1억 8백만 화소, 100배 줌 카메라를 개발해 이를 적용한 갤럭시 S21 울트라를 출시할 수 있었다. 또한, 몇 년 전부터 폴더블 디스플레이 관련 이슈가 끊임없이 제기된 적이 있었다. 화면을 접기 위해서 투명PI필름을 사용해야 하느냐, 아니면 유리를 사용해야 하느냐는 말들이 많이 있었다. 터치감, 고급감 등을 따져보면 당연히 유리를 사용해야 하지만, 그때까지 개발된 유리 디스플레이는 굴곡률 문제가 개선되지 않아 접히는 도중에 깨졌기 때문이다. 그런데 이러한 문제를 '도우인시스'라는 회사가 접히는 유리를 개발해 해결했고, 삼성이 폴더블 폰을 위해 지분을 인수했다. 이렇게 기술력을 가진 회사라면 뛰어난 매출이 없어도 미래가치를 인정받아 고평가를 받는 경우가 많다. 대단한 기술력이 아니더라도 우리 회사만의 특허, 기술력이 있다면 이를 어떻게 활용해 크게 키울 수 있을지 고민해봐야 한다.

⑤ **특징이 있는가**(전환비용)

마지막은 특징이 있는지에 대한 내용이다. 특징, 그중에서도 제품을 판매하는 방식에 있어 전환비용의 특징을 가졌는지가 중요하다. 고객 전환비용이란 워런 버핏이 말한 경제적 해자의 특징 중 하나로, 소비자가 지금 사용하고 있는 자사의 제품을 포기하고 경쟁사로 넘어가는 데 드는 비용이 얼마나 큰가를 말한다.

가장 많이 나오는 예시로는 스마트폰 시장의 iOS와 안드로이드 비교가 있다. 애플 제품이 마음에 들어 사용하기 시작한 사람들은 iOS 시스템에 적응하고, 이를 효율적으로 활용하기 위해 비용과 시간을 투자하기 마련이다. 똑같이 구글의 안드로이드 플랫폼을 사용하는 사람들도 이를 활용하기 위해 비용과 시간을 투자한다. 그런데 문제는 iOS와 안드로이드가 서로 호환 불가능하다는 점이다. 아이폰을 사용한 사람은 폰을 교체할 때도 지금과 같은 서비스를 이용하기 위해서는 아이폰을 구매해야 하고, 갤럭시를 사용한 사람도 똑같이 갤럭시를 구매해야만 하는 상황이다. 만약 아이폰 사용자가 갤럭시로 넘어가길 원한다면 그동안 쌓아온 데이터를 모두 포기하고 넘어가야 하는데, 사용 시간이 지날 수록 포기해야 하는 자원이 많아지기에 전환비용은 커질 수밖에 없다.

이렇게 전환비용 특징이 있는 제품이라면 충성고객을 확보할 가능성이 크고, 시간이 지날수록 그 영향력은 커지게 되어 있다. 중소기업 입장에서도 제품의 전환비용 특징이 있을 수 있고, 제품을 판매하는 방식에 있어 전환비용이 있을 수 있다. 어떠한 형태로든 나의 고객이 쉽게 경쟁사로 넘어갈 수 없는 장벽을 만들 수만 있다면, 이는 곧 고평가 요인으로 평가받게 될 것이다.

05

못 파는 것과
안 파는 것은 천지차이

못 파는 상황이면서 안 팔고 있다고 생각한다

수많은 중소기업 기업주들이 세월이 흐른 뒤 후회하는 게 있다. 바로 기업 경영을 어떻게 끝내고 인생을 보낼지 출구전략을 생각하지 않는다는 점이다. 사업에 성공하겠다는 일념으로 열정적인 사업 초기를 보내고 나름 자리 잡고 안정적인 매출을 확보하는 시기가 오지만, 이러한 상황이 그리 길게 가지는 않는다. 계속해서 새로운 시장을 창출해야 하고, 새로운 제품, 서비스를 내놓아야 하는데, 이러한 과정을 반복하며 몇 단계씩 성장하는 기업이 있는가 하면, 도중에 사라지는 기업도 많다. 기업주들도 회사를 어떻게, 어느 정도 규모로 키워서, 향후 어떻게 하겠다는 계획이 없는 경우가 많은데, 그 당시에는 굳이 그 부분까지 생각해야 할 필요성을 느끼지 못하기 때문이다. 그래서 그저 막연하게 언젠가는 회사가 잘되어서 성공하면 회사를 원하는 사람에게 팔고, 남은 인생을 편하게 살아야겠다고 생각한다. 또한, 한 번씩 지인을 통해 회사에 관심이 있다는 사모펀드를 만나거나, 매각 의사가 없는지 물어오는 경쟁사들이 있어서 기업주 입장에서는 내가 팔기로 마음만 먹는다면 언제든지 내가 원하는 대로 기업을 매각할 수 있을 것이라는 생각도 가지고 있다. 하지만 대부분은 막상 기업이 호황기를 지나 성숙기와 쇠퇴기로 다가갈 무렵 출구전략을 생각하기 바쁘고, 내가 원하는 가격에 기업을 쉽게 매각할 수 없다는 것을 깨닫게 된다. 한때는 자신에게 접근해 회사를 매각하길 원하는 사람들이 줄을 섰다는 생각을 떠올려보면, 그때는 내가 안 파는 상황이었지만 지금은 팔고 싶어도 못 파는 상황이 된 것이다. 그런데도 이러한 상황을 애써 무시하고 버티는 기업주들이 많다. 이는 회사 가치에 악영향을 줄 뿐 더 좋은 조건들을 떠나보내는 일밖에 되지 않는다.

그래서 기업주는 사업을 시작함과 동시에 어떻게 출구전략을 진행할지도 계획하는 게 좋다. 사업을 시작한 지 오래된 상황이라고 하더라도 출구전략에 대해 고민과 계획을 세워본 적이 없었다면, 지금부터는 출구전략을 생각해야 한다. 왜냐하면 어떻게 끝낼지를 정하면 그 기한과 수치적인 목표를 구체적으로 세울 수가 있게 된다. 내가 5년 동안 사업을 할지, 10년을 하지, 20년을 할지 구체적인 수치가 정해진다면, 그 안에 목표를 이루기 위한 전략들을 찾아서 행동하고 기업에 적용하려 하기 때문이다. 예를 들어 연 매출 500억 원을 만들고, 동종 업계에서 시도하지 않는 결제 방식을 시스템화시켜 매각하겠다는 목표를 잡는 것이다. 앞서 예시로 나온 스타일난다의 김소희 대표도 처음 인터넷 쇼핑몰을 만들어 옷을 팔겠다고 했을 때 "누가 인터넷으로 옷을 사겠어?"라는 말을 많이 들었다고 한다. 하지만 그 목표가 명확했고, 그 안에서 인터넷을 통해 옷이 팔릴 수 있는 전략들을 끊임없이 찾아 적용했고 피드백을 반복했다. 그리고 결국 가치를 인정받게 된 것이다. 이렇듯 출구전략을 고민하고 계획을 세워 경영하면, 앞으로 내가 원하는 방향이 확실하므로 회사 관련 의사결정에도 도움이 된다. 제품력을 강조해 브랜드를 구축하길 원한다면 홍보와 서비스, 브랜드 관리를 주력으로 하는 시스템을 갖춘 회사로 만들어나갈 것이고, 영업력을 키워 영향력 있는 판매망을 구축하는 게 목표라면 영업 인재 육성과 관리, 확장을 중심으로 회사 시스템을 만들어나가기 때문이다. 그러므로 출구전략에 대해 아예 생각해보지 않았다면, 바로 목표를 정하고 어떤 모습의 회사로 언제까지 어떻게 매각하고 싶은지 정해야 한다.

이 결정과 전략을 성공시킬 행동들이 쌓여 못 파는 것과 안 파는 것의 차이를 만들게 될 것이다.

시기를 놓치면 주도권은 없다

기업주들은 한 회사를 직접 만들어 지금까지 수많은 난관을 넘어서며 여기까지 경영해온 사람들이다. 처음부터 항상 CEO, 리더의 자리에 있었고, 보내온 시간만큼 회사에 대한 애정이 남다른 사람들이 많다. 따라서 기업주에게 있어서 기업은 곧 자신의 인생이고, 이 회사를 매각한다는 것은 그들의 인생 한 부분이 사라지는 것과 다름없다. 기업주들은 당연히 매각 후에도 기업이 지속되고 더 성장하길 원하지, 기업이 망해도 상관없다는 생각을 하지 않는다. 그래서 출구전략을 생각하지 않는 경우가 많다. 회사를 위해 보내온 시간이 길면 길수록 그 공허함이 더 커질 것이란 두려움도 같이 커지기 때문이다.

회사에 대한 애정이 큰 만큼 이러한 느낌을 받는 것은 당연하다. 하지만 이러한 생각들이 출구전략에 대한 계획을 미루는 역할을 한다면 심각하게 받아들여야 한다. 지금은 내가 기업주지만 언젠가는 회사를 떠나야 하고, 그 시기를 정해야 하는 것도 내가 정해야 하기 때문이다. 물론 회사를 승계받아 운영할 자녀가 있고 확실한 승계 계획이 있다면 한시름 놓겠지만, 승계받을 자녀가 없거나 본인의 생각과 자녀의 생각이 달라 틀어지는 경우도 생기기 마련이다. 이러한 일들이 아무런 준비 없이 나타나면 그때부터는 내가 시기를 정하는 게 아니라 외부적인 상황, 타인에 의해 시기가 정해질 수도 있다. 회사의 장점을 강력하게 어필할 수 있는 것도, 자신 있게 회사의 몸값을 말할 수 있는 것도 내가 주도권을 가진 시기일 때만 가능한 것이다. 그러한 시기를 놓친다면 주도권은 우리가 아닌 상대방에게 있게 될 것이고, 우리는 그 상황에 끌려다닐 수밖에 없을 것이다. 그래서 기업주는 좋은 시기를 인지하지 못하고 놓치게 된다면, 예상할 수 없는 부정적인 결과가 잇따를 수 있는 점을 명심해야 한다.

06

필독!
그래서 우리 회사는
얼마를 받을 수
있다는 말인가?

그러면 이제 정말 중요한 이야기를 해볼까 한다. 쏟아지는 수많은 중소기업, 대기업의 인수합병 뉴스에 관심을 두고, 어떻게 매각이 됐는지, 왜 매각이 됐는지 사례들을 보면 항상 의문이 남을 것이다. 그렇다면 우리 회사는 얼마를 받을 수 있을까? 우리도 매각이란 게 가능할까? 정말 가능할까? 매각 뉴스에 관심을 두는 것도 사실은 자신의 기업도 그렇게 비싼 가격에 매각하고 싶기 때문일 가능성이 크다. 여기서 비싸다는 것은 개인의 기준에 따라 달라진다. 20년간 회사를 경영해오면서 항상 40~50억 원 대 사이의 가치평가만 받았던 사장님이라면 100억 원, 200억 원에 회사가 매각될 수만 있어도 아주 비싸게 느껴질 것이다. 평소 100~200억 원 사이의 가치평가를 받는 사장님이라면 500억 원, 1,000억 원에 매각이 되어야 만족할 사장님도 있을 것이다. 이렇게 비싸게 매각이 된다는 기준은 저마다 다를 것이다.

매각은 꿈도 못 꾸는 사장님들

평범한 직장인이 성공하고 싶다는 꿈을 꾸고 있다. 책도 읽고, 강의도 듣고, 동기 부여를 해주는 앞서 성공한 사람들의 유튜브도 보면서 미래를 그려본다. 상상만 해도 기분이 좋아지고, 금방이라도 할 수 있을 것 같은 느낌이 든다. 그리고 나도 '할 수 있다!'라는 생각을 가지고 무슨 사업을 할지 정하고 조금씩 사업을 시작해본다. 그런데 1주, 2주, 한 달이 지나면서 생각보다 성과가 나지 않아 실망한다. 기대에 찬 미래보다는 당장 힘든 현실이 더 눈에 들어온다. 점점 계획과는 다른 방향으로 행동하는 자신에 대해 실망하게 된다. 그러면서 하나둘씩 핑계가 보이기 시작한다.

'직장을 다니면서 하려니 시간이 부족해.'

'내 수준에서는 너무 어려운데 아직은 무리인가?'

'나름대로 열심히 한 것 같은데 왜 이러지? 나에게 안 맞는 사업인가?'

이렇게 핑계가 쌓이기 시작하면서 결국에는 직장을 마음 편히 다니는 게 가장 좋은 선택이라는 생각이 든다. 그리고 몇 달, 또는 몇 년 후 직장 일이 힘들어지면 예전에 꿨던 꿈을 떠올리며 같은 일을 반복한다.

기업 매각을 꿈꾸는 사장님들도 이와 비슷하다. 처음부터 매각을 경영의 마무리 단계로 잡았던 사장님들은 이러한 과정을 거치지 않을 가능성이 크다. 처음부터 최종적 목표가 매각이고, 자신이 원하는 금액이 있을 것이기 때문이다. 그렇다면 당연히 회사를 그에 맞는 가치를 갖게

끔 키우는 것이 과정일 것이다. 그 과정은 목표를 이루는 하나의 단계이기에 어려움이 있어도 당연한 것이라고 느껴질 것이다.

그런데 매각은 생각하지 않은 일반적인 중소기업 사장님의 경우 상황이 다르다. 우선 기업을 어떻게 키우고 내가 어떻게 마무리를 할지 목표가 정해져 있지 않기 때문에 당장 열심히 하자는 생각이 가득하다. 열정으로 회사를 키우고 열심히 하는 것은 좋지만, 목적이 없는 열정은 반드시 도중에 망망대해를 떠다니는 느낌을 준다. '내가 왜 이렇게 열심히 하고 있지?', '이렇게 해도 크게 달라지는 게 없는 것 같은데 앞으로 어떻게 해야 하나?'라는 생각이 더 많이 들 것이다. 그렇게 시간이 흘러 업력은 쌓이는데, 회사의 규모는 크게 변함이 없는 상황을 보면 미래가 막막하다. 그저 열심히 하면 잘되고 길이 보일 줄 알았는데 전혀 그렇지 않기 때문이다.

그러한 상황에서 기업 매각이라는 말을 들으면 마치 직장인이 꿈을 꾼 것과 같은 느낌을 받는다. 마음속으로는 원하지만, 현실적으로는 불가능하다는 생각에 아예 꿈도 꾸지 못하는 것이다.

'우리 회사처럼 작은 회사를 누가….'

'매각은 잘되는 회사만 할 수 있는 거 아닌가?'

'우리 사업 분야는 미래가 없어….'

지금까지 쌓여왔던 회사에 대한 불신이 많기에 매각에 대해서 일절 생각하지 않으려 한다. 꿈을 꿔보자면 목표는 200억 원에 회사를 매각하고 싶은데, 현실은 30억 원도 안 될 것 같은 수준으로 보이기 때문이다. 사실은 '그마저도 받을 수 있을까?'라는 의심이 항상 따라다닌다.

그렇기에 많은 중소기업 사장님들에게 기업 매각은 그저 몇 달, 몇 년에 한 번씩 오는 희망고문 같은 존재가 되어버린 것이다.

우리도 100억 원을 받을 수 있다! 어떻게?

그런데도 일반적인 직장인 중에 난관을 뚫고 꿈을 이룬 사람들이 많다. 당장 유튜브에 검색만 해도 그 사례들이 넘쳐난다. 꿈을 꾸고 시도하는 사람들의 전체 비중에서 성공한 사람들은 일부일 뿐이지만 반드시 있다.

기업 매각도 같다. 매각을 꿈꾸는 사장님들은 당연히 많을 것이고, 그보다 적은 수가 꿈을 이루기 위해 시도를 한다. 그리고 그보다 더 적은 수가 실제로 기업의 가치를 키워 매각에 성공한다. 왜 비슷하게 시도를 하는데도 결과가 다르게 나올까? 그 이유는 성공하는 데 필요한 공통점을 고려하지 않고 무턱대고 해서 그렇다. 물론 무엇보다 행동이 중요하기 때문에 실천하는 것은 지극히 바람직하지만, 맞는 방향으로 행동하지 않는다면 상황이 조금 더 나아질 뿐 결국에는 제자리로 돌아오게 되어 있다. 우리는 앞서 가치평가방법을 보면서 몇몇 중소기업의 매각 사례를 봤다. 1,019억 원에 매각된 '에프에이'도 불과 몇 년 전까지는 매출액이 100억 원이 안 되는 회사였다. '허닭'도 매출액이 점점 늘면서 주목받기 시작했고, 밀키트 시장 자체의 성장성까지 더해져 1,000억 원 가까운 가치로 평가받았다. 에이치제이에프도 밀키트 시장의 성장성 안에서 신설 공장 설립 등 매출액 증가가 예상되며 예상을 넘는 가치로 평가받았다. 가치평가에서 예시로 나오진 않았지만, 2000년 설립된 육류 수입 및 도소매 기업인 '오케이미트'도 작년 9월 시장에 매물로 나왔다. 꾸준히 매출을 키워온 오케이미트는 2010년에는 1,500억 원의 매출을, 그리고 2020년에는 2배 이상인 3,800억 원의 매출을 기록했다. 그리고 평가되는 기업가치는 1,500억 원 수준이다. 오케이미트도 처음부터 대규모 매출이 일어났을까? 처음부터 대기업에 유통할 수 있는 업체였을까? 아니다. 2000년 초반 국내 최초로 호주산 냉장육을 수입한 도소매 업체로 시작해 점차 하나씩 종류와 시장을 넓혀 나갔다. 모든 기업이 점차적인 성장을 거쳐 가치 있는 기업으로 성장한 것이다.

그렇다면 이러한 매각에 성공한 중소기업들은 어떤 공통점이 있을까? 우리도 지금의 상황이 어떻든, 이들의 공통점을 찾고 행동하면 비슷한 상황으로 만들 수 있고, 똑같이 매각에 가까워질 수 있다.

'가장 중요한 건 매출과 수익이다.'

이들의 공통점은 간단히 한 가지로 정리된다. 중소기업일수록 돈 잘 버는 회사는 매각의 가능성이 크다. 그리고 높은 가치를 먼저 제안할 수 있는 주도권을 쥘 수 있다. '허닭'의 경우도 산업의 시장가치 자체가 높기에 많은 플러스 요인이 됐겠지만, 현재 '허닭'이 돈을 제대로 못 벌고 있는 기업이라면 그게 가능했을까? 매출 성장은 정체되어 있고, 가끔씩 분기별로 적자가 나는 회사였다면 다른 회사에서 인수를 위해 관심 있게 봤을까? 만약 보더라도 그들이 보유한 설비, 상품의 종류 등 자산가치 위주의 평가를 내렸을 것이다. 그렇다면 당연히 1,000억 원이라는 가치는 꿈도 못 꿨을 것이다. 아주 특별한 기술이 필요한 분야가 아닌 이상 아무리 산업 자체의 성장성이 기대되는 분야라고 하더라도, 그 회사보다 돈도 잘 벌고, 규모도 비슷한 회사가 있기 마련이다. 물건을 고를 때 비슷한 조건이라면 우리는 값이 더 저렴한 제품에 손이 가는 경우가 많다. 하지만 기업 매각에서는 비슷한 조건이라면, 돈을 잘 버는 회사에 관심이 가는 경우가 많다. 따라서 우리도 지금의 상황에서 매출, 수익을 늘려 돈 버는 회사를 만들어나가면 매각이 단지 꿈으로만 느껴지지 않을 것이다. 당연히 그 금액에는 차이가 클 것이다. 앞서 말한 것처럼 50억 원이 목표인 회사도 있고, 100억 원이 목표인 회사도 있고, 1,000억 원이 목표인 회사도 있다. 그렇다면 그 목표 금액에 매각이 되면 우리의 목표, 꿈은 달성된 것과 마찬가지다. 그래서 필자는 "우리 회사를 매각한다면 얼마를 받을 수 있을까요?"라고 질문하는 사장님들에게 오히려 되묻는다.

"사장님은 회사를 매각한다면 얼마를 받고 싶으신가요?"

그 말은 사장님들의 회사도 지금보다 매출, 수익이 더욱 늘어나는 구조를 갖추면 무조건 매각이 가능하다는 것이다. 경험상 보통 소규모의 기업을 경영하시는 사장님들이 100억 원이라는 수치를 아주 높은 벽으로 인식하는 경우가 많았다. "100억 원만 받아도 좋겠다. 회사를 100억 원에 매각할 수 있다면 꿈만 같겠다" 이러한 이야기를 많이 한다. 지금 10억 원의 매출을 올리든, 50억 원의 매출을 올리든 필자는 어떤 기업이라도 성장해 최소 100억 원 이상의 가치로 매각할 수 있다고 생각한다. 다른 기업들도 작은 회사에서 시작해 100억 원, 500억 원, 1,000억 원에 팔리는 공통점을 우리도 똑같이 실행한다면 말이다.

당연히 큰 흐름을 알아야 한다

최소 100억 원에 매각하는 기업으로 가기 위한 큰 흐름은 무엇일까? 과정 속의 세세한 전략은 기업이 처한 상황에 따라 다양하게 나올 수 있다. 사장의 마인드, 직원 수, 보유 제품, 거래처 수 등 여러 요소와 시장의 상황, 회사가 처한 상황 등에 따라 달라지기 때문이다. 정확하게는 그 전략, 해결책들이 달라져야 한다. 그런데 그 전략들을 아우르는 전체적인 흐름은 동일하게 이어져 있다. 성공에 대해서 다양한 방법이 있지만, 그 속에 큰 흐름은 비슷한 것과 같은 것이다. 성공한 사람들이 누구는 새벽에 일어나는 아침형 인간으로 살았다는 말을 하고, 누구는 하루에 7~8시간 잠을 충분히 자고 일에 몰두하라고 말한다. 그리고 누구는 자신은 저녁형 인간이라 새벽까지 노력하고 잠을 잔다고 말한다. 큰 흐름을 이해하지 못하면 세 사람의 말을 들을 때마다 혼란스러울 것이다. 하지만 결과적으로 세 명은 모두 각자의 분야에서 성공한 사람들이 자신의 경험담을 들려준 것이다. 그렇다면 각각 세세한 전략은 달라도 그들이 그렇게 한 이유, 큰 흐름을 알아야 한다는 것이다. 새벽에 일어나든, 늦게 자든, 잠을 충분히 자고 일어나든, 공통점은 규칙적인 생활과 업무에 대한 몰입이다. 자신에게 어떤 방법이 더 잘 맞는지 파악하고 규칙적인 생활과 몰입을 따라 하면 되는 것이다. 이것을 모르는 사람은 자신이 저녁형 인간임에도 새벽에 일어나려고 무리를 한다. 물론 가능할 수 있겠지만 효율적이지 못한 것이다. 그리고 도중에 포기할 가능성이 매우 크다. 따라서 우리는 큰 흐름을 알고 그 안에서 다양한 전략들을 맞춰 실행해야 한다.

큰 흐름에서 매각이 될 기업으로 만드는 방법은 4단계로 이뤄진다.

'영업 조직, 마케팅 조직 구축 → 매출, 수익 상승 → 조직 확장 → 팔리는 형태 만들기'

대부분 중소기업은 지금 당장 돈을 벌어 줄 사람이 부족하다. 책에서 꾸준히 언급하고 있지만, 사장이 대부분의 영업을 맡아 경영하는 곳이 많다. 그리고 영업 사원, 마케팅 사원을 채용해 매출 확대를 시도해도 여의치 않다. 사람만 뽑는다고 모든 게 해결이 되지는 않기 때문이다. 그러나 중소기업이 돈을 버는 구조가 되기 위해서는 사장이 영업을 도맡아 하더라도 조금씩 자신의 역할을 일임하며 자신을 대신해 제품, 서비스를 팔아 줄 사람들을 키워나가야 한다. 당연히 그 방법은 업종, 규모, 상황에 따라 다르게 전략이 나올 것이다. 하지만 중요한 점은 영업 조직, 마케팅 조직을 소규모라도 구축해 나가야 발판을 만들 수 있다. 이 점을 간과한다면 아마도 한두 명을 채용하고 얼마 안 가 퇴사를 하고, 다시 사장이 영업을 도맡아서 하는 과정이 수없이 반복될 것이다. 이렇게 항상 첫 삽을 뜨지 못하는 경험이 많으므로 실패의 경험이 쌓이고, 시간이 지날수록 매각이 꿈만 같아지고 멀어지게 되는 것이다.

다음으로 영업 조직, 마케팅 조직의 구축을 통해 매출, 수익을 내는 상황을 만들어야 한다. 이 과정에서는 영업 조직들이 어떻게 활동을 하느냐, 어떻게 성과를 내게 만드느냐가 핵심이다. 따라서 우리는 영업 조직, 마케팅 조직 활용법을 배우고, 거래처 관리를 어떻게 해야 하는지, 회사 차원에서 전체적인 틀을 어떻게 만들어줘야 하는지를 배운다. 필자는 이 과정을 'C.B.T' 구축 과정이라고 말한다. Part 02에서 나오지만, 회사의 특징을 만드는 방법이다. 큰 흐름에서 우리 회사만의 특징적인 거래 방식, 영업 방식 등을 만드는 것이다. 그러한 틀이 만들어져야지만 수익성이 높은 거래처를 확보할 수 있고, 거래를 유지할 수 있으며, 자원 관리가 효율적으로 이뤄질 수 있기 때문이다. 이렇게 매출과 수익이 점차 늘고, 거래처가 안정적으로 확보가 되는 단계가 오면 조직을 확장해 나가야 한다. 돈은 점점 더 벌리는 구조가 되어가고 있을지 몰라도 막상 회사를 보면 생각보다 직원들이 많지 않음을 느끼게 될 것이다. 그 말은 한 명의 직원당 맡게 되는 업무의 수 자체가 점점 늘어남을 말하는데, 이 시기에 역할을 분리하고 추가적인 조직을 구축하지 않으면 반복적 업무만 늘어나고, 다양한 업무 사이에서 놓치게 되는 업무가 발생하게 된다. 한두 번 발생할 때는 모를 수 있겠지만, 이 실수들이 조용히 쌓여 갑자기 터지게 되면 지금까지 이뤄온 것들이 모두 무너질 수 있다. 그래서 우리는 이 시기를 자화자찬하기보다는 빠르게 조직을 구축하는 시간으로 써야 한다. 한마디로 내부적, 외부적으로 시스템을 갖추는 것이다.

이렇게 조직을 확장하면 우리는 이러한 형태를 보고 팔릴 수 있는 기업의 형태라고 말한다. 매각이 충분히 가능하다는 말이다. 이러한 구조가 갖춰져 있지 않은데 매출만 높다고 매각이 가능할 것 같은가? 인수하는 입장에서는 돈을 잘 버는 회사라면 당연히 관심을 두겠지만, 회사 내부적으로 조직적 시스템이 얼마나 잘 갖춰져 있는지도 판단한다. 왜냐하면, 조직이 제대로 갖춰지지 않거나 시스템이 부재됐다고 느끼면, 인수 후 그만큼의 비용을 들여 이를 해결해야 하기 때문이다. 한마디로 그 가격만큼을 매각 금액에서 제외할 수도 있고, 겉으로 봤을 때와는 다르게 속 빈 강정의 느낌이 난다면 인수를 포기할 수도 있는 것이다.

우리 회사도 매각이 가능할까? 얼마를 받을 수 있을까? 의문이 많이 들 것이다. 그렇다면 앞서 말한 4가지 큰 흐름 중에서 첫 번째부터 제대로 달성을 해본 적이 있는지 돌이켜보자. 매각에 대해 막연하고, 불가능하다고 생각하는 사장님일수록 첫 번째 흐름인 '영업 조직, 마케팅 조직' 구축을 제대로 달성한 사람이 없을 것이다. 그 안에서 쓰이는 전략은 다양할지 몰라도 결국에는 4가지의 큰 흐름을 차례로 달성하지 못한다면 매각은 불가능할 것이다. 하지만 반대로 기업의 규모와 상관없이 첫 번째 흐름부터 차례로 달성해 나간다면 어떤 기업이든 매각할 수 있다. 소기업이 100억 원에 매각이 되는 것은 꿈이 아니다.

PART 02

회사가
비싸지는
방법은
따로 있다

저평가 원인부터
제대로 알아야 한다

스스로 한계를 만든다

경영자의 마음가짐부터 바꿔야 한다

회사가 저평가를 받는 원인을 늘어놓자면 셀 수 없이 많을 것이다. 그러나 이 모든 원인을 긍정적으로 바꿀 수 있는 핵심요소가 있는데, 바로 경영자의 마음가짐이다. 지극히 평범해 보이고 단순해 보이는 말처럼 들리겠지만 아무리 좋은 전략, 자원, 충분한 시간이 있어도 경영자에게 성공하려는 마음가짐이 없다면 예상과는 다른 안 좋은 결과를 마주할 가능성이 크다.

처음에는 제품에 자신이 있어 경영과 함께 영업에 몰두하던 기업주가 매출 확대와 시스템 구축을 위해 영업 조직을 만들기 시작했다. 자신의 방식을 바탕으로 직무교육도 실시하고, 거래처도 같이 관리해주며 조직을 만들어나가려 했는데, 시간이 지나도 큰 성과가 나지 않는 것이다. 오히려 성과를 조금씩 내는 실력 있는 영업 사원이 2년이 되는 해에 주요 거래처에 미리 확답을 받고 경쟁사로 이직하는 일도 발생했다. 매출은 항상 일정 선을 넘기가 힘들었고, 채용한 영업 직원에 들어가는 비용은 날이 갈수록 늘어가 수익성은 점점 악화하고 있었다. 그렇다고 영업 직원들을 모두 정리하고, 다시 본인이 영업하려고 하니 거래처 업무를 보느라 경영을 등한시할 수도 있는 상황이다. 기업주는 이 난관을 극복하기 위해 다양한 컨설팅과 전략을 접목해봤지만 크게 성과가 달라지지 않았다. 그리고 항상 무엇을 해도 특정 선을 넘지 못하자 아예 그 부분이 자신의 사업 진행에 있어 한계인 것처럼 인식하게 됐다. 기업주는 진퇴양난에 속에서 어떻게 조직을 개선해야 할지, 수익성을 끌어 올릴 수 있을지 막막하기만 할 뿐이었다.

앞의 사례에서 볼 수 있듯, 사실은 우리가 저평가라고 생각하는 원인도 깊게 고민해보면 처음부터 저평가를 받는 원인이 아닐 가능성이 크다. 사업을 시작하면서 성공을 위해 했던 행동들이 하나둘씩 성과를 내지 못하고, 이를 제대로 개선하지 못한 채 다른 방법을 찾아 나서는 경우가 많다. 이는 문제를 제대로 해결하고 넘어가는 게 아니라 작아 보이는 문제를 그냥 덮고 모른 체하는 경우다. 그리고 이렇게 해결되지 않은 작은 문제들은 끊임없이 회사에 손실을 주는 요소로 점점 바뀌게 된다. 다만 그 정도가 작아서 그렇게 중요하게 생각하지 않는 경우가 많을 뿐이다. 시간이 지날수록 그러한 문제들은 '원래 그런 것, 좋지는 않지만, 굳이 신경 쓰지 않아야 할 것'으로 인식되기 시작한다.

그런데 문제는 이러한 작은 요소들은 항상 중요한 일을 할 때 발목을 잡는다는 것이다. 작은 문제들이 쌓여 깊게 뿌리 박혀 있는데, 이를 모르고 그 위에 새로운 해결책을 덮어 해결하려고 하니 약간의 해결만 있을 뿐 다시 평소와 같아지기 때문이다. 이러한 상황들이 반복되면 기업주는 은연중에 스스로 한계를 설정하는 경우가 많다. 새로운 영업 전략을 세워서 실행해도 '이 매출을 넘을 수 있을까?'라는 의심과 걱정부터 하는 것이다. 매출 확대와 기업의 성장을 위해 영업 조직 구축을 시도했을 때는 분명 기업에 고평가가 될 수 있는 요인이었을 것이다. 확실한 근거로 자리 잡지는 않았지만, 이를 성공시켜 회사가 성장하면 우리 기업만의 영업력이 고평가 요소로 평가받을 수 있기 때문이다. 하지만 구축 과정에서 실패할 수도 있고, 생각보다 더디게 진행이 될 수도 있다. 그렇다면 여기서부터 새롭게 파생된 문제들은 제대로 해결을 하고 다시 시도하든, 다른 전략을 시도해야 한다. 그렇지 않으면 고평가로 평가받을 수 있는 요소가 저평가 요소로 바뀌게 되고, 이 요소들이 기업주의 경영에 한계를 만드는 요인이 될 수 있다.

세상에 원래 그런 것이란 없다. 수많은 기업 경영의 대가들이 내가 마음먹은 대로 할 수 있고, 어떻게 했는지, 결과가 어떠했는지 이미 입증했다. 기업을 더욱 비싸게 만들고 싶고, 높은 금액으로 평가받아 매각하고 싶다면 이 또한 얼마든지 가능하다는 말이다. 중소기업이라고 원래 한계가 있고 안 되는 것이 아니다. 경영자의 마음가짐이 매각, 가치, 성공을 향해 있다면 얼마든지 가능하다.

나의 한계가 곧 직원의 한계

"세상을 완전히 뒤바꾸지는 못하더라도 세상이 더 좋은 쪽으로 변하는 데 작게나마 힘을 실을 수 있다고 생각한다."

"눈을 뜨고 미래를 바라보면 분명 새로운 아이디어는 나온다. 내일을 주시하면 반드시 내일이 보인다."

2017년 기준, 연 매출 5,000억 원 기업 '켈리델리'의 CEO인 켈리 최가 저서 《파리에서 도시락을 파는 여자》에서 했던 말이다. 그녀는 사업 실패로 10억 원의 빚을 지고 있는 상황에서도 희망을 놓지 않고 새로운 사업 아이템을 찾아 공부했다. 한 인터뷰에서 언급했듯 아시아인이 외국에서 돈 많이 안 들이고 성공한 아이템을 찾고 공부한 결과 요식업이 정답이라는 생각이 들었고, 즉석 스시를 만드는 사업을 생각하게 된 것이다. 그 결과 2017년까지 판매한 도시락만 1억 5,000만 개였고, 유럽 시장 점유율 50%로 1위에 올랐으며, 이 엄청난 성과가 만들어지기까지 불과 5년밖에 걸리지 않았다. 어떻게 그녀는 5년이라는 시간 동안 수천억 원의 매출을 만들고, 1위를 하는 사업체를 만들 수 있었을까? 켈리 최의 인터뷰, 강의 영상, 저서 등 그녀와 관련된 이야기를 듣고, 보고 있으면 힌트를 얻을 수 있다. 바로 자신이 목표로 한 일에 대해서는 한계를 두지 않는 것이다. 첫 번째 사업이었던 홍보대행업이 실패한 후 지금의 요식업으로 사업을 변경해 성공한 것도 결심한 순간, 한계를 두지 않고 어떻게 해야 성공할 수 있을까에 몰두했기 때문이다. 성공을 위해 배워야만 하는 분야가 있다면, '그 분야의 고수를 어떻

100억 기업으로 만들어 M&A하라!

게 만날 수 있을까? 어떻게 적용할 수 있을까?'를 고민하고 실천했다. 그녀의 이러한 자신감과 확신, 실행력이 없었다면 과연 유럽 맥도날드 회장 드니 하네칸(Denis Hannequin)을 만나 컨설팅을 받을 수 있었을까? 《김밥 파는 CEO》의 저자, 스노우폭스 김승호 회장과 수시로 전화하고 만나며 도움을 받을 수 있었을까? 사업을 시작할 때부터 지금의 켈리 델리가 될 때까지 그녀의 목표에 대한 한계가 없었기 때문에 가능한 것이었다.

그런데 중요한 것은 이러한 그녀의 생각과 행동의 기운이 직원들에게도 큰 영향을 미친다는 점이다. 특정 프로젝트를 실행할 때도 왜 우리가 이 일을 해야 하고, 이 일의 의미가 무엇인지 충분히 이해시키고 공감대를 형성한 후 진행한다. 그렇게 되면 직원들도 이미 그 프로젝트를 성공시키기 위한 열정으로 가득 차 '어떻게 하면 성공시킬 수 있을까?'라는 문제에 대해 한계를 두고 생각하지 않는다. 만약 업무의 모든 절차마다 사장의 지시와 허락이 있어야 진행된다면 어떨까? 만약 사장이 현재 우리 회사의 수준을 말하며, 이 정도 매출만 올려도 잘했다고 말한다면 어떨까? 아마 직원들도 어느새 그에 적응되어 무의식중에 뚫지 못하는 한계점이 생길 가능성이 크다.

많은 중소기업의 사장님들도 처음에는 사업을 시작할 때 한계라는 단어를 가볍게 여겼을 것이다. 이 회사를 어떻게 만들 것인지 꿈이 있었고, 나름의 명확한 목표가 있었을 것이기 때문이다. 하지만 계획처럼, 마음처럼 경영되지 않는 회사 사정에 점점 눈앞의 상황만 해결하는 데 몰두하다 보니 어느새 매일 같은 일만 반복하고 있는 자신과 회사를 보게 됐을 것이다. 그러한 상황을 인지했을 때 다시 초심으로 돌아가기 위해 노력을 하려 하지만, 당장 바꿔야 할 게 많다는 생각과 걱정으로 그 상황을 계속 유지해 나간다. 마음 한쪽에는 '이러면 안 되는데…'라는 걱정이 계속 들지만, 어쩔 수 없는 상황에 이를 묻어두고 하루하루 지냈을 가능성이 크다. 그렇게 시간이 지나면 사장인 나부터 사업에 대한 스스로의 한계가 생길 수밖에 없다. 물론 중간중간 이를 해결하기 위해 약간의 변화와 노력을 시도했을 것이다. 하지만 그동안 쌓인 문제들을 해결하기에는 너무나 겉핥기식의 해결 방식일 가능성이 크고, 무엇보다 본인이 한계를 가지고 있다는 생각을 인정하지 않는다. 따라서 시간이 지날수록 사장 본인이 느끼는 문제점을 드러내놓기보다 주변의 상황, 거래처의 상황, 직원들의 태도, 경제 상황 등 외적인 부분을 탓하며 밖에서 문제의 원인을 찾으려 하는 사람들이 많다. 사실은 대부분 문제가 사장인 나에게 생긴 한계를 인정하지 못해 만들어졌는데도 말이다. 이를 바라보는 직원들은 어떨까? 자신이 입사하기 전부터 이러한 상황에 놓인 회사였고, 자신은 그 안에서 해야 할 업부를 진행 중인데 회사의 매출 상황이 안 좋아지면 직원들의 잘못이라고 지적받는 상황이다. 주어진 업무를 열심히 하고 있는데, '우리 회사는 이 정도 매출만 해도 잘한 회사다. 그 이상은 불가능하다'라는 말을 하며, 주변 사람들이 분위기를 형성한다면 열심히 일하고 싶을까? 스스로 열정이 만들어지기는커녕 원래 잘하던 업무도 적당히 하는 분위기로 바뀔 것이다.

만약 지금 회사의 분위기가 열정적이고, 목표를 위해 나아가는 모습이 아니라 그저 주어진 업무를 적당히 하고, 회사가 위기임을 느껴도 심각하게 받아들이지 않는 상황이라면, 다른 것보다 사장인 나 스스로 어떤 한계를 느끼고 있는지 돌아봐야 한다. 이걸 깨닫지 못한다면 항상 그 원인을 주변에서만 찾게 될 것이고, 끝내 해결하지 못할 가능성이 크기 때문이다.

02

뭐가 중요한지
모른다

기업의 본질을 생각하라

기업을 경영하는 사장님이라면 누구나 돈 버는 것에 관심이 많을 것이다. 처음 사업을 시작한 이유도 대부분 돈을 많이 벌고, 경제적, 시간적 자유를 누리기 위해서였을 것이다. 그렇다면 돈을 버는 것과 기업의 본질을 한번 생각해보자. 물론 기업 운영과 인생에 있어서 돈이 전부는 아니지만, 기업을 운영해 나가는 데 있어 돈을 버는 것은 필수이자 직원을 채용한 사업주로서 의무이기도 하다. 그런데 기업을 운영하다 보면 회사는 조금씩 성장하고 있는 것 같은데, 오히려 수익은 점점 떨어지는 상황을 마주할 때가 있다. '회사가 성장하면 당연히 수익이 늘어나야 하는 게 정상 아닌가?'라고 생각하겠지만, 그러한 비정상적인 일들이 너무나 쉽게 일어난다.

그 이유가 무엇일까? 사업주의 마인드가 갑자기 바뀌어서일까? 직원들이 갑자기 일을 대충 해서일까? 경제 상황이 좋지 않아서일까? 물론 약간의 영향은 있겠지만 사실, 문제 원인은 사업을 진행하면서 점점 수익이라는 본질을 신경 쓰지 않기 때문이다. 매출과 수익은 엄연히 다른 개념임에도 불구하고, 우리는 매출이 늘어나면 회사가 잘되고 있다고 믿는 경우가 많다. 당연히 작년 대비 매출이 2배로 성장했다면 그만큼 많이 팔렸다는 말이고, 이는 회사 제품의 장점이 부각됐거나, 영업을 잘했거나, 사업이 계획대로 진행되고 있음을 말한다. 따라서 매출이 늘어나면 향후 더 큰 매출을 목표로 해서 급격하게 확장을 시도하는 경우가 많다. 생산 라인을 추가한다거나, 직원을 대폭 늘려 채용하고, 대외적 홍보비용을 많이 쏟기도 한다. 그런데 문제는 이러한 성장과 확장에 따른 수익 리턴이 제대로 발생해야 한다는 점이다. 투자한 만큼 성과와 수익이 있어야 하는데, 이상하게 매출은 조금씩 늘어나는데 수익은 오히려 점점 마이너스로 가는 경우가 있다. 매출 증가를 예상해서 이전보다 투자를 늘렸고 매출도 따라서 늘지만, 수익은 오히려 반대로 가고 있다는 것은 매출 안의 수익성 분석을 전혀 고려하고 있지 않다는 말이다.

기업의 본질은 매출이 아니라 수익이다. 실제로 얼마나 우리 회사의 제품, 서비스를 판매해서 돈으로 수익이 들어오는가를 말한다. 하지만 매출이 점점 늘어나면 우리는 물건이 잘 팔리는 데 집중하면서 수익성을 놓치는 경우가 많다. 당장 물건이 잘 팔리므로 어떻게 해서라도 지금의 흐름을 잘 이어가야 한다고 생각하기 때문이다. 그 과정에서 추가적인 비용이 들지 않는다면 다행이지만, 과도한 마케팅 비용, 거래처 관리에 있어서 무리한 요구 수용 등 매출 상승이라는 큰 흐름 속에서 묻혀서 과도한 비용이 소모되는 경우가 많다. 그리고 이러한 상황들을 보면서 나중에 모두 수익으로 되돌아올 것이라고 믿는다. 수익성보다는 현재의 매출에 집중해 비용, 수익을 관리하지 못하다 보면 기업의 본질이 수익이 아닌 외형 성장으로 집중되는데, 이러한 상황이 계속 반복되면 기업은 본질을 잊어버리게 된다. 그리고 외형적인 성장은 했을지언정 '속 빈 강정'같은 기업이 되는 경우가 많다. 매출이 늘어난다고 무조건 잘될 거라는 막연한 희망은 금물이다. 그 속에 수익이 제대로 함께 커나가고 있는지 잘 살펴야 한다.

기웃거리지 마라

장기화 된 코로나 시국은 우리 일상과 삶의 방식에 많은 변화를 가져왔다. 재택근무가 활성화되면서 대면보다 온라인 미팅이 활발해졌고, 이제는 대규모 인원이 모여 세미나를 하는 모습은 상상하면 오히려 어색해질 정도다. 이러한 코로나 현상은 기업들이 사업 아이템을 정하는 데도 영향을 미쳤는데, 가장 좋은 예시가 마스크 사업에 뛰어든 회사들이다.

이제는 마스크를 쓰지 않는 모습을 보는 게 더 어색해진 상황인데, 처음 코로나가 세계적으로 퍼지고, 문제가 된 2020년 1월에는 세계적으로 마스크 품귀 현상이 일어났다. 특정 지역에서 수요가 급증했다면 여러 나라의 도움으로 해결이 됐겠지만, 전 세계적으로 품귀 현상이 일어나다 보니 당연히 공급 부족이 생기고, 마스크 가격도 천정부지로 치솟았다. 코로나가 더 심해질 거라는 뉴스가 돌면서 마스크 구매 수량 제한이 실행되기 전 사재기를 하는 사람들도 늘어났고, 가격은 더욱 상승했다. 당연히 마스크 제조업체, 필터 가공업체 등등 마스크 제조와 관련된 업체들은 만들기면 하면 평소보다 비싼 가격에 팔려 나가는 상황이었기 때문에 이 시기를 놓쳐서는 안 됐다. 24시간 공장을 돌려도 주문량을 따라가기 힘들었고, 이에 따라 라인을 증설하는 회사들도 많아졌다. 당연히 마스크 생산 설비를 만드는 업체도 안타까운 시국이지만 회사의 매출이 올라가자 기쁨의 비명을 질렀다. 그리고 언론과 SNS를 통해 마스크 대란이 발생한 초기 2~3달 동안 매달 마스크 제조업체들이 수십억 원씩 벌었다는 이야기가 들리기 시작했다. 초기 마스크 생산 설비 비용도 소액으로 시작할 수 있다는 점이 퍼졌고, 마스크 제조업 창업 상담을 전문으로 하는 사람들도 생겨났다. 이렇게 일반 직장인부터 중소기업, 상장사까지 많은 사람이 마스크 사업에 뛰어들었다. 생산 라인 1~2대를 가지고 시작한 영세 소기업도 있었고, 수백억 원의 자금을 조달해 마스크 제조 공장까지 지은 상장사도 있었다.

하지만 이들의 꿈은 그리 오래가지 못했다. 선발주자일 것이라고 생각했지만, 너무나 많은 공급업체가 생기면서 점차 공급이 안정화되고 오히려 수요를 넘어서는 상황이 됐기 때문이다. 계약해지가 속출하는 상황이 생겨났고, 원자잿값이라도 건지기 위해 가격을 낮추는 상황이 지속했다. 당연히 마스크 가격은 점점 폭락했고, 이를 버티지 못한 영세기업부터 조금씩 폐업하는 회사가 늘어갔다.

실제 식품의약품안전처가 발표한 마스크 제조업체 주 단위 생산 동향을 보더라도 2020년 2월에는 6,990만 개였지만, 2021년 1월 1주 마스크 총생산량은 1억 5,789만 개로 집계됐다. 특히 2020년 1월에 등록된 마스크 제조업체는 137개사였지만, 마스크 공적공급을 종료한 7월에는 238개사로 늘었고, 2021년 1월에는 1,134개사로 증가했다. 1년 사이에 제조업체 수가 8배 넘게 증가했다는 말이다. 상황이 이렇다 보니 시간이 지날수록 마스크 가격은 큰 폭으로 떨어졌고, 2020년에 마스크 사업에 뛰어들었던 기업들의 부진은 당연한 결과였다.

우리가 마스크 대란과 그 속에서 기회를 잡으려는 기업들의 모습을 보면서 생각해야 할 점은 다름 아닌 본업의 중요성과 집중이다. 물론 다른 아이템을 찾고, 신사업에 투자하는 것은 아주 좋은 행동이고, 기업의 미래를 바꿀 방법이다. 하지만 이는 기업의 본래 업무가 제대로 실행되고 있다는 전제하에 진행되어야 효과가 있다. 기업이 처음 목표로 한 사업 아이템이 있을 것이고, 캐시카우 형태로 만들어가는 제품, 서비스가 분명히 존재할 것이다. 그런데 지금 하는 사업이 적당히 되니 다른 아이템이 돈이 될 것 같아서 기업의 역량을 갑자기 다른 곳으로 집중시켜버린다면 본업 자체도 흔들릴 수 있다. 종이를 만드는 회사에서 안정적인 매출 구조를 만들어가는 와중에 코로나로 마스크 사업을 하면 돈을 잘 번다는 이야기를 듣고 갑자기 마스크 설비를 설치한다면 어떨까? 물론 그렇게 진행할 수도 있다. 빠른 판단으로 지금이 적기라고 생각하기 때문이다. 하지만 중소기업의 경우 인력과 비용에 있어 제한되는 경우가 많다. 당연히 새로운 사업을 작게라도 시작한다면 초기에 인력이 필요할 수밖에 없고, 직원을 그에 맞게 채용하는 게 아니라면 기존 직원이 그 역할을 할 수밖에 없다. 새로운 사업이 잘 진행되면 그에 맞게 신규채용이 늘겠지만, 마스크 사업처럼 진행되는 상황이었다면 오히려 신규채용을 했던 직원들을 다시 내보내야 할 처지에 놓였을 것이다. 이렇게 되면 새로운 사업은 물론이고, 기존의 사업도 타격을 받게 된다. 그동안 쌓아온 신뢰들이 한순간에 무너질 수 있다는 말이다. 기웃거리지 말라는 말은 무조건 본업에만 집중하라는 말이 아니다. 제대로 된 계획과 상황 분석 없이 단지 분위기에 이끌려 이것저것 한 번씩 찔러보는 사업을 하지 말라는 말이다. 이렇게 직원들의 업무가 계속 바뀌는 상황이 온다면, 회사의 정체성이 흔들리게 되면서 직원들도 내가 여기서 무슨 일을 하는지 모르는 상황이 오게 된다. 아무리 다른 사람들이 좋다고 해도 아무런 노력 없이 성과를 낼 수 있는 것은 없다. 있다고 하더라도 순간 반짝할 뿐 그 시기를 놓쳐버리면 오히려 긴 시간 동안 어쩔 수 없이 묶여 버리는 경우가 많다. 따라서 신사업을 하고 싶다면 분위기에 휩쓸려 이런저런 아이템에 혹하지 말고, 본업을 제대로 캐시카우로 만들고, 해를 끼치지 않는 선에서 시작을 해야 한다.

회사를 단지 돈 나오는 기계로 본다

처음 사업을 시작할 때보다 매출과 수익도 늘어 돈도 잘 벌고, 직원 수도 늘어나 회사가 조금씩 시스템화되어 가고 있을 때가 있다. 물론 이렇게 되기까지 상당한 노력을 들여야 가능하다. 회사가 이렇게 수익 구조가 잡혀 있고, 직원들이 스스로 업무를 진행하는 단계가 오면, 사장들은 2가지 중 하나를 선택하게 된다.

첫 번째는 기업이 안정적으로 자리를 잡았으니 시스템화를 견고하게 만들고, 회사를 제대로 확장하려는 사람이다. 이 경우 회사의 제품, 서비스가 시장에서 영향력을 발휘하고 있을 가능성이 크고, 각각의 조직들도 경쟁사보다 영향력이 있는 조직일 가능성이 크다. 이 경우 사장의 역할은 모든 조직에 관여를 하는 게 아닌, 오직 사장으로서 경영에 집중할 수 있다. 회사를 전체적으로 보는 능력이 길러질 수 있고, 나무와 숲을 보며 어떻게 산을 만들지 구상이 가능해진다. 따라서 이러한 경우 사장의 의지에 따라 회사의 확장이 상당히 빠르게 진행되기도 한다. 그리고 회사가 높은 가치를 인정받아 상장하거나 인수합병을 진행하기도 한다.

두 번째는 회사가 안정적인 위치에 올라왔을 때 점점 회사 밖의 것들에 관심을 두는 사람이다. 지금까지 회사를 성장시키기 위해 시간과 노력을 들여 고생해서 그 보상을 받는 것으로 생각한다. 일반 직장인보다 훨씬 많은 돈을 벌면서도 회사 경영이 여유 있게 느껴진다. 딱히 내가 간섭하지 않아도 직원들이 모두 알아서 하고 있다고 생각하기 때문이다. 시간이 지날수록 업무 시간에 회사 밖의 일을 처리하는 시간이 늘어나고, 점점 회사 업무는 임원급에게 일임하는 경우가 생기기 시작한다. 당연히 회사에 관한 관심이 줄어들 뿐만 아니라, 회사는 단지 사장에게 돈과 시간을 주는 기계이고, 직원들은 그 안에서 일하는 사람으로만 보이게 된다.

이러한 경우 문제가 한번 발생하면 회사의 상황이 전체적으로 악화되는데, 이미 몇 번 비슷한 문제가 생겨도 사장이 회사에 관심이 없으니 누구 하나 제대로 책임지고 문제를 제대로 해결하지 못했기 때문이다. 그러한 문제들이 쌓이고 쌓여 터졌을 때는 이미 돌이킬 수 없는 경우가 많다. 예를 들어 거래처에서 어느 날 잦은 배송 지연 문제를 항의했는데, 사실은 생산부에서 생겨난 문제가 원인이었다. 점점 매출이 늘면서 주문량은 늘어나는데, 생산부서의 충원은 그 속도를 따라주지 못하고 기존 직원들의 생산성만 강조하는 상황이었기 때문이었다. 팀장이 여러 번 이 문제를 상의하기 위해 임원과 사장에게 보고를 올렸지만, 일반적인 푸념이라 생각하고 대충 넘겨버렸다. 곧 충원을 해주겠다는 말만 할 뿐 실제로 기존 직원들을 위한 조치가 제대로 취해지지 않았다. 번아웃(burnout)된 생산직 직원들은 오히려 기존보다 생산성이 악화됐고, 이 문제들이 계속 반복되며 거래처와의 쌓였던 불만도 폭발했던 것이다. 그런데 정말 심각한 문제는 이러한 상황에서도 사장은 진심으로 문제를 해결하기보다 주먹구구식 해결을 한다는 점이었다. 생산부서의 충원과 기존 직원에 대한 배려를 우선해서 해결해주지 않고 거래처의 편을 들며 오히려 생산부서를 다그쳤다. 이러한 상황이라면 생산부서에 남을 직원이 몇이나 되겠는가? 직원들이 퇴사 의사를 밝히고 나가면 그제야 현실감이 몰려온다. 직원 관리가 제대로 안 됐고, 경영을 너무 방만하게 했구나, 하는 후회가 밀려온다. 하지만 되돌리기에는 이미 늦은 경우가 많다. 거래처도 회사의 상황을 알아보고 거래를 끊는 곳이 늘어났고, 소문이 퍼져 생산부서에 오려는 직원들도 채용하기 힘들어진 상황이 됐기 때문이다. 이러한 상황에 몰린 기업은 대부분 지금까지 쌓아온 신뢰와 시스템, 수익구조를 모두 잃어버리고 처음의 규모부터 다시 시작하는 경우가 많다. 흔히 말해 한번 망하고 다시 일어서려는 것이다. 회사가 수익적으로 시스템적으로 자리를 잡는 순간, 이 상황이 계속 유지될 거라고 생각하는 사장은 반드시 그에 합당한 결과를 받게 되어 있다. 회사 업무도 결국에는 사람이 하는 일이고, 직원들도 회사의 분위기, 사장의 태도와 분위기를 모두 느끼며 일하기 때문이다. 그간의 고생을 보상받고 싶은 심리는 이해하지만, 이러한 상황을 너무 길게 지속하고, 회사를 등한시하는 것은 스스로 기업을 저평가받게 만드는 행동이다.

초기부터 점점 고평가의 길로 노력을 해왔는데, 한순간에 모든 요소가 저평가로 변해버린다면 너무 아깝지 않을까? 어떤 게 정말 중요한 부분인지를 알고, 하나씩 실행해나갈 때 고평가로 만들 수 있는 저평가 요인들이 보이게 될 것이다.

03

팔아야 한다
벌어야 한다

매출이 문제가 아니다. 수익이 문제다

앞서 기업의 본질은 수익을 내는 것이고, 우리는 수익에 집중해야 함을 말했다. 여기서는 그 수익에 대해 더욱 집중적으로 말해보고자 한다. 우리는 모두 열심히 일한다. 누가 봐도 하루가 어떻게 지나갔는지 모를 정도로 일에 매달려 살아가기도 하고, 인생이 곧 나의 회사라는 생각으로 일상을 회사에 바치기도 한다. 그런데 이렇게 열심히 일하면 당연히 많은 수익을 내야 하는데 과연 그럴까?

대부분 기업주가 기업을 운영하며 가장 중요하게 생각하는 것은 비용과 수입이다. 전체적으로 봤을 때 우리가 판매하는 제품의 서비스가 얼마에 어느 정도 팔리고, 얼마에 생산이 되는지를 따져보고 수익성이 있는지 한눈에 파악하기 쉽기 때문이다. 그리고 이러한 방법은 대규모

제조를 통해서 단일 시장에 유통하는 방법에 최적화되어 있기 때문에 제조업을 중심으로 많이 사용되는 수익 관리 전략이었다. 흔히들 이러한 시장을 '매스 마켓(mass market, 대량 판매로 대량 소비가 이뤄짐에 따라 성립되는 시장)'이라고 말하는데, 이 상황에는 생산, 판매하는 제품이 대부분 균일하고, 소비자 또한 이에 맞게 균일한 상황이 많았다. 따라서 어떤 부분을 개선하면 매출이 얼마큼 상승하고, 그에 따라 수익이 얼마나 상승하는지 예측이 수월했다. 그래서 수익성을 개선하기 위해 비용과 수입에 포함된 요소들을 분석하고, 이를 적용하면서 매출과 수익을 개선하는 기업이 많았다. 만약에 원가 5,000원인 의자를 매달 10만 개씩 생산해 판매하고 있다면, 수익성을 높이기 위해 더 저렴한 원자재를 찾거나 보관비용, 운송비용, 이 부분이 부족하다면 회사 경영비용, 직원 복지비용 등을 줄이는 방안을 찾아 이를 적용하는 방식을 말한다. 즉, 당장 눈에 보이고 즉각적으로 줄일 수 있는 비용들을 우선 절감하며 수익성을 높이는 경우가 많았다.

하지만 이러한 방법들이 언젠가부터 효과를 내지 못한 경우가 생기기 시작했다. 생산, 유통, 판매 등 일련의 과정들이 모두 비용적으로 계산이 되어 나와 있고, 판매량에 따라 이를 조절하며 비용을 줄일 수 있는 곳은 최대한 줄여봤지만, 예상처럼 수익이 개선되지 않는 경우가 생긴 것이다. 무슨 이유 때문일까? 그 이유는 시장을 주도하는 주체 생산자와 소비자의 영향력이 달라졌기 때문이다. 매출이 문제가 아닌 수익성을 올리는 게 문제임을 알지만, 이를 빠르게 개선하지 못하는 큰 이유는 시장 주체들의 상황을 잘 모르기 때문이다. 제조업을 중심으로 산업이 발전하고 공산품들이 시장에 퍼지기 시작할 때는 생산자인 기업주들은 소비자를 크게 염두하지 않아도 되는 상황이 많았다. 물론 어떤 제품이 시장에서 필요하고, 잘 팔릴지 연구하고 홍보하는 것은 당연하겠지만, 소비자의 패턴을 분석하거나, 다양한 소비자층을 어떻게 만족시킬지 등등 세세하게 소비자를 분석해가며 제품을 생산, 판매하지 않아도 됐다는 말이다. 그래서 기업들은 매출, 수익 등을 따져볼 때 비용과 수입 등 비교적 넓고 간단한 수치와 개념들을 적용하기 쉬웠고, 이를 활용해 기업의 수익을 개선할 수 있었다. 즉 시장에서 생산자의 영향력이 컸던 시기였고, 생산자 중심으로 계획한 전략이 시장에서 효과적으로 발휘될 때가 많았다.

그런데 점점 고객들의 소비력이 상승하고, 비슷해 보이는 제품과 서비스를 제공하는 생산자가 많아지기 시작했다. 기업이 성장하기 위해서는 제품이 잘 팔리고 매출이 발생되어야 하는데, 그 선택권을 가진 소비자의 판단기준이 올라가면서 비슷해 보이는 제품들이 쉽게 팔리지 않게 됐다. 단순히 제품이 있다고 팔리는 상황이 아니라 그 속에서 소비자가 느끼는 구매 욕구, 구매부터 사용 후 느끼는 만족감 등 기존에는 크게 고려하지 않았던 부분들이 소비 패턴에 영향을 미치기 시작했다. 시장에 라면이 한 종류밖에 없다면, 라면을 원하는 소비자들은 당연히 그 라면밖에 살 수 없다. 독점 시장이 형성된 곳에서는 당연한 논리다. 그런데 면의 모양도 다르고, 국물 맛도 다른 다양한 라면들이 시장에 나오면 소비자들이 고민하기 시작한다. 그리고 경쟁이 심화하고 소비자가 다양한 욕구를 보일수록 단순히 라면을 구매하는 것을 넘어선 다른 부분이 라면 구매에 영향을 미친다. 이러한 상황에서 이전의 수익성 개선 방법들을 가지고 실행한다면 어떨까? 경쟁하는 라면의 종류가 많아진 상황이고, 우리 라면 매출이 떨어지는 상황이라면 어떻게 해야 할까? 매출과 수익을 올리기 위해 규모의 경제를 실현할 수 있는 요소를 찾아내 지금보다 가격은 낮추면서 수익은 높일 수 있는 라면을 만들면 되는 것일까? 아마 이러한 방법은 무한 가격경쟁을 일으킬 가능성이 크고, 반짝 효과만 나타날 가성이 크다.

그렇다고 시장 주체가 소비자에게 넘어갔기 때문에 무조건 소비자의 의견대로 따라야 한다는 게 아니다. 기업은 이익을 내야 유지가 되고 성장할 수 있는 집단이다. 만약 소비자에게 무조건 끌려갈 수밖에 없는 상황이 되어버린 기업은 수익은 물론이고 제품, 서비스의 품질까지 점점 하락할 가능성이 크다. 우리가 알아야 하는 것은 소비자의 패턴이 바뀌었는데 기업주들, 특히 중소기업을 중심으로 시장에 대처하는 방법은 이전 방법을 고수하는 기업이 많다는 것이다. 기업은 수익을 내야 하고, 수익을 높일 방안을 꾸준히 찾아내고 적용해야 한다. 그래야만 확장할 수 있고, 가치를 높일 수가 있다. 만약 지금도 내가 속한 시장은 이전과 크게 달라지지 않았다고 생각한다면 기업의 매출, 수익 추이를 따져보라. 큰 흐름 속에서 비슷하거나 하락하고 있을 가능성이 크다.

문제는 내부에 있다

"많이 번 것 같은데도 막상 따져보면 예상이랑 다른데 … 어디서 많이 까먹었을까?"

이러한 고민을 농담처럼 하는 기업주를 본 적이 있을 것이다. 분명열심히 했고, 매출도 증가한 것 같은데, 회사에서 남는 이익은 그리 크게 차이가 나지 않는 상황이 종종 생기기 때문이다. 오히려 매출을 늘리기 위해 다양한 홍보를 진행하고, 판촉비를 지출하느라 비용이 더 늘어나 수익이 낮아지는 경우가 생기기도 한다. 그렇게 크게 문제가 있는것 같지도 않고, 큰 손실을 낸 사건이 생긴 것도 아닌데 왜 그럴까? 단순히 향후 더 큰 매출과 수익으로 되돌아올 것이라고 믿으며 투자했다고 생각해야 할까? 기업주라면 누구나 팔수록 손해인 제품을 유지하고싶어 하진 않을 것이다. 그리고 최대한 비용은 줄이고 수익은 높이고싶어 할 것이다. 당연한 말이다. 그런데 문제는 이 당연한 말을 자신의기업 상황에서 찾아내지 못하는 것이다.

의료 소모품을 생산, 판매하는 회사에 유독 불만이 많은 거래처가 있었다. 주문을 자주 하는 만큼 물건이 배송될 때마다 다양한 불만을 본사로 쏟아냈다. 회사에서 영업을 담당하는 직원은 5명이었는데, 이 거래처에서 크게 주문이 들어올 때마다 영업 사원들은 불만을 들어주고해결하기 바빴다. 그러나 막상 문제들을 보면 제품에 하자가 있거나 운송에 문제가 있었던 게 아니라, 거래처에서 제대로 숙달하지 못해 생긴문제들이 대부분이었다. 간단하게는 전화 통화로 끝낼 수도 있는 문제들이 대부분이었다. 그런데도 항상 직원들을 불러 몇 시간이고 투덜대며 거래처를 끊겠다는 어투의 말로 반협박을 하곤 했다. 매출이 두 번째로 큰 거래처이다 보니 정말 매출에 영향을 미칠까 싶어 불안한 마음에 영업 사원과 경영진은 불만이 있어도 우선 들어줬다. 사실 이러한 상황 때문에 신규 거래처와 매출 규모가 중간인 거래처의 관리가 소홀해질 때가 있어 이들의 불만까지 이중으로 발생한 적이 한두 번이 아니었다. 그런데도 불만이 많은 거래처는 자신들이 큰 매출을 유지해주고 있기에 이러한 서비스는 당연하다는 듯이 생각했고, 오히려 다른 제품군 납품도 수익 마지노선까지 맞춰 달라며 으름장을 놓는 경우가 많았다.

회사에 손실을 주는 대상과 방법은 다양하게 있겠지만, 앞서 나온 예시는 다름 아닌 거래처에 소모되는 인력 낭비로 인한 손실이다. 불만이 많은 거래처에 잡혀 활동하지 못하는 영업 사원들을 당장 수치로 계산하기는 힘들겠지만, 영업 사원이 채용된 이유와 이들이 추가로 발생시킬 수 있는 매출과 수익을 생각한다면 회사의 자원이 낭비되고 있는 것이다. 더군다나 거래액이 많아도 오히려 거래 규모가 1/3인 거래처와 수익이 비슷하다면 이는 심각한 문제가 아닐까? 매출이 큰 거래를 유지하기 위해 들어가는 불만 해결 비용이 인적 비용, 판촉비, 추가적인 물류비 등등 다양한 방식으로 더 투입된다면, 이는 매출 규모가 커질수록 오히려 독이 될 가능성이 크다.

정말 이러한 비용도 투자라고 생각을 해야 할까?

앞과 비슷한 사례를 겪은 사람들은 대부분 문제가 외부에 있다고 생각한다. 우리의 문제가 아니라 상대 거래처에 문제가 있어서 지금의 상황이 벌어졌다고 본다. 처음에는 거래 규모를 빠르게 늘려갔기에 좋았지만, 매출 규모가 어느 정도 이상이 되면서 요구가 많아졌고, 우리의 잘못이 없는 부분까지도 비용을 들여 해결해준 경우가 생겼기 때문이다. 한마디로 상대방이 이상한 거래처라는 생각으로 외부적인 문제라고 생각하는 것이다. 그 해결방법도 거래처가 정리되지 않으면 끝나지 않을 것으로 생각한다. 그러면 정말 점점 손실이 쌓여 못 버틸 때가 되면 거래처와 관계를 정리할 것인가? 만약 이러한 상황이 생긴다면 그 기업은 다른 거래처와 비슷한 상황에 부닥쳤을 때도 같은 방식으로 해결할 가능성이 크다. 수익은 크게 나지 않으면서 비용과 시간, 자원은 더 많이 소모되는 현상이 계속 반복이 될 것이다. 그래서 우리는 문제의 원인을 외부가 아닌 내부에서 찾고 해결해야 한다.

이 같은 사례가 생겼을 때 문제를 효과적으로 해결할 방법이 무엇일까? 상대 거래처는 우리가 어떻게 행동하든 불만을 표출하는 곳이다. 그렇다면 우리는 1차적으로 불만을 효율적으로 해결해주는 데 집중해야 한다. 여기서 효율적이란 해결에 소모되는 인력 자원을 말하는데, 많은 영업 사원이 직접 찾아가거나 내근 직원이 몇 시간 동안 통화에 시달리는 문제를 해결하기 위함이다. 처음부터 완벽할 순 없지만, 그들이 자주 쏟아내는 불만을 중심으로 만든 '불만 해결 설명서'를 간단히 만들 수도 있고, 간략하게 영상을 만들어 배포할 수도 있다. 그 후 담당 영업 사원이나 내근 직원의 통화를 통해 확실히 해결하는 방법을 사용할 수 있다. 선제적으로 불만을 처리해줄 장치를 만들고 제대로 된 후 처리를 위해 직원이 투입된다면 기존보다 효율성을 올릴 수 있기 때문이다.

거래처로부터 발생하는 문제들이 쌓여 우리가 끌려가고 있다는 생각이 드는 것은 사실 외부적인 문제보다 기업 내부적으로 문제가 있는 것이다. 바로 문제들이 발생하는 초기에 이를 빠르게 대응할 시스템이 갖춰져 있지 않기 때문에 문제들이 커지는 것이다. 그리고 이러한 요소들이 다양한 방식으로 수익을 깎아내리고, 심지어 손실을 입히는 방식으로 나타나기도 한다. 우리는 팔아야 하고 벌어야 하는 기업의 입장에서 수익에 해를 끼치는 요인들을 찾아내고 해결하는 게 중요하다. 기업이 속한 산업과 상황에 따라 그 요인은 무궁무진할 수 있지만, 중요한 사실은 그 요인이 대부분 기업 내부에 있다는 사실이다. 이를 인정하고 외부가 아닌 내부로 눈을 돌려 기업을 돌아본다면 우리에게 수익을 가져다줄 많은 요인이 보이게 될 것이다.

Chapter

02

우리가 올려야 할 건
매출이 아니라 수익이다

01

열심히 한다고
모두 수익이
나는 건 아니다

돈만 벌면 된다?

'수익을 올려야 합니다! 매출이 높다고 좋은 게 아닙니다!'라고 계속
외치는 이유가 무엇일까? Part 02의 제목처럼 회사가 비싸질 방법이
기 때문이다. 우리가 기업을 비싸게, 가치 있게 만들려는 목적은 내 회
사의 미래를 보장하기 위해서다. 앞서 Part 01에서 언급했지만, 당장은
은퇴가 멀게 느껴져도 언젠가는 반드시 회사를 떠나야 할 날이 다가올
것이고, 그때 기업을 자녀에게 승계할 것인지, 매각할 것인지, 아니면
내가 계획한 나이에 매각하고 은퇴할 것인지 결정하게 된다. 그런데 만
약 그때 기업의 상황이 매달의 매출과 비용을 걱정해야 하는 상황이라
면 어떨까? 직원들을 고용하기는커녕 유지하기도 힘든 상황이 지속하
고, 회사 사정도 잘되는 듯싶다가 다시 원점으로 되돌아오는 상황이 계

속 반복이 된다면 어떨까? 아무리 완벽한 승계 계획을 세워놨다고 하더라도 자녀가 그 모든 짐을 짊어지고 사업을 승계받기를 거부할 수도 있다. 또한, 부모 입장에서도 아무리 인생을 바친 회사라고 해도 쌓여 있는 문제들을 고스란히 자녀에게 물려주기도 싫을 것이다. 그렇다면 매각 시장에서는 어떨까? 누누이 언급하지만, 인수합병 시장에는 수익 모델이 확실하지 않거나, 미래 성장성이 불투명하다면 대부분 청산가치로 평가받기 일쑤다. 제조업과는 다른 플랫폼 기반 사업, 세상에 없던 혁신적인 기술력을 개발 중인 사업 등을 진행하는 스타트업은 아무리 현재의 매출이 없어도 향후 성장성과 파급력을 바탕으로 높은 가격에 매각되는 경우가 잦다.

하지만 보통의 중소기업, 제조업에서는 지금 당장 이러한 플랫폼, 기술력을 만들 시간과 자원이 부족하다. 시작점이 다르고, 구조가 다르다. 그렇기에 지금부터 중소기업의 상황에서 가장 잘할 방법을 활용해 문제를 찾아내고 이를 해결해 나가며 기업가치를 올리는 작업을 해야 한다. 중소기업은 무언가를 판매하는 곳이 대부분이다. 제품을 판매하고 있다면 당연히 지금도 잘 판매를 하고 있고, 수익을 잘 내고 있으며, 앞으로도 어떤 근거 때문에 우리는 잘 팔 수 있다는 점을 말할 수 있어야 한다. 그래서 1차적으로 수익성을 높이는 게 중요하다. 새로운 제품을 개발해서 수익이 발생하기에는 시간이 너무나 오래 걸릴 것이다. 그리고 그 기간에 투입할 수 있는 비용과 인력도 없을 가능성이 크다. 그렇다고 갑자기 모든 일이 알아서 잘 진행되며 가만히 있어도 회사로 수익이 들어오는 일은 더더욱 없을 것이다. 그러므로 지금 가지고 있는 것을 바탕으로 개선하고, 조금씩 늘려가야 하는데, 이를 가능하게 하는 게 수익을 늘리고 확보하는 방법이다.

그렇다면 수익을 확보한 후 다음은 어떻게 해야 할까? 이 부분에서는 중소기업 입장에서 확장하기 위해서 어떻게 해야 하는지 생각해볼 필요가 있다. 지금보다 조금 더 돈을 잘 버는 상황이 됐다고 가정해보자. 예전보다 돈을 조금 더 잘 버는 상황일 뿐이지 회사의 외형이 갑자기 커지거나, 직원들이 2배, 3배 늘어난 상황은 아니다. 몇 가지의 주력 제품을 판매하는 중소기업 입장에서 현재 상황에서 단지 수익성만 조금 개선했을 뿐이다. 우리가 수익성 개선을 위해 노력한 것도 기업의 가치를 높이기 위한 초석을 마련하기 위함이다. 그렇다면 우리는 조금 더 확보된 자금을 바탕으로 투자를 해야 한다. 바로 지금보다 제품이 더 잘 팔릴 수 있는 투자 말이다.

우리에게 어느 정도 투자할 수 있는 비용이 확보됐고, 이를 투입해 지금보다 제품을 더 잘 팔 방법으로 어떤 게 생각나는가? 바로 떠오르는 것들이 몇 개 있을 것이다. 그리고 그중 대부분 생각하는 게 직원 채용과 홍보다. 그것도 물건을 더 잘 팔아줄 직원을 말한다. 그렇다면 우리는 영업 활동으로 매출과 수익을 증대시켜줄 직원을 뽑거나, 온라인, 오프라인 마케팅을 주도해 제품 판매를 늘릴 수 있는 마케터 직무를 수행할 직원을 채용해야 한다. 직원 채용은 중소기업의 확장에 있어 아주 중요한 요소다. 지금은 사장인 내가 주도해서 진행하는 업무가 많았다면, 회사 전체를 보고 말 그대로 경영의 임무를 사장이 맡고, 나머지 역할을 각 부서의 직원들이 전담하는 상황으로 만들어야 한다. 지금은 부서 체계가 몇 개 없는 단순한 조직처럼 보일지 모르지만, 경영관리, 인사, 영업, 생산, 회계 전략기획 등등 회사의 업무를 세세하게, 그리고 특화해서 전담할 수 있는 조직들이 갖춰질 정도로 확장시켜야 조직이 구축된다. 그리고 구축되는 과정마다 확실히 업무분장을 하고, 그 사이에서 유기적 관계가 될 수 있도록 조율해야 회사가 시스템을 갖추는 것이다. 조직적이고 시스템화가 되어 있고, 그래서 알아서 잘 돌아가면서 돈을 잘 버는 회사가 된다면 그 기업은 누가 봐도 매력적으로 보일 수밖에 없다. 기업이 매력적이라는 것은 그만큼 높은 가치로 보일 가능성이 크다는 말이고, 우리는 지금보다 높은 가치로 회사를 평가받을 수 있다는 말이다.

단지 지금보다 돈만 많이 번다고 해서 회사의 가치가 높아지는 게 아니다. 튼튼하게 받쳐줄 수 있는 조직을 구축해 나가면서 돈을 잘 벌어야 가치가 높아질 가능성이 커지는 것이다. 지금보다 수익이 개선되거나 돈을 조금 더 번다고 해도 막상 비교해보면 이전보다 몇 배, 몇십 배 정도로 많이 버는 단계는 아닐 것이다. 정말 지금보다 조금 더 잘 버는 단계일 것이다. 우리는 이때 돈 버는 것에 자만해서는 안 되며 이를 투자해 조금씩 회사를 확장하는 데 사용해야 한다. 그렇지 않다면 몇 달 뒤 다시 예전으로 돌아가고 이 상황이 반복될 것이다.

정말 고객이 왕일까?

상대가 일반 소비자든, 기업이든 '고객'의 위치에 있는 사람의 만족이 점점 더 중요해지고 있다. 소비자가 더욱 똑똑해지고, 다양한 대체재가 생기면서 비교를 하는 패턴도 늘어났다. 그런데 패턴만 늘었다면 다행인데, 이 과정에서 제품을 선택하는 데 다양한 요소들이 영향을 미치게 됐다. 그중에서는 쉽게 판단할 수 없는 감정적인 요인도 영향력이 커졌다. 그래서 이전에는 단순하게 고객을 만족시킨다는 말이 통용됐다면, 지금은 단순한 고객 만족으로는 전혀 효과를 볼 수 없는 상황이 됐다. 판매자가 노력하고, 성실하며, 진정성 있는 모습 등을 보이는 것은 전략이 아니라 필수요소가 됐다는 말이다. 그래서 언제부턴가 고객 감동을 넘어선 무언가를 계속 추구하고 전달하려는 기업들이 늘어났다. 그러다 보니 고객을 왕처럼 모시는 서비스가 생겨나고, 오히려 고객의 갑질에 속수무책이 되어버린 상황들도 생겨났다. 이러한 일들이 반복되며 직원과 회사 간의 내부적 갈등이 늘어났지만, 오히려 이렇게 고객을 왕처럼 모시는 서비스가 더욱 확대됐는데, 그 이유는 바로 기업들의 수익에 관한 생각 때문이었다. 소비자가 '원하는 것'을 끊임없이 제공해야 수익이 늘어난다는 통념이 있어서다.

만약 고객이 '원하는 것'과 고객에게 '필요한 것' 중 우리가 제공해야 하는 게 한 가지라면 어떤 것을 제공해야 할까? 마음으로는 '필요한 것'을 외치겠지만, 정작 현실에서는 '원하는 것'을 제공하고 있을 것이다. 이 2가지는 엄연히 다른데, 고객과 기업 간 서로의 영향력 정도를 생각해봐도 답이 쉽게 나온다. 기업 간 거래를 진행하고 있는데, 우리의 운송 정책이 거래처의 상황에 따라 매번 바뀐다면 그 정책이 무슨 의미가 있을까? 거래처를 유지하기 위해 상황에 따른 예외를 만들어 이를 적용한다면, 상황만 바뀔 뿐 계속 거래처에 맞춰주는 회사가 될 것이다. 불만이 생기면 이를 해결하기 위해 또 다른 예외를 만들 가능성이 크고, 그 과정에서 예기치 못한 비용이 지출될 수도 있다. 하지만 고객에게 '필요한 것'을 제공한다는 것은 고객에겐 없어서는 안 되는 부분이라는 뜻이다. 또한, 이를 이용하는 고객을 통해서 우리가 더 발전할 수 있는 부분을 찾아낼 수도 있고, 이 과정에서 서비스 질은 높이면서 비용은 줄일 방법을 찾을 수도 있다. 우리가 비교적 잘할 수 있는 부분을 특화하고, 이 정책의 뿌리는 유지하면서 허용 가능한 범위에서 거래처의 상황에 맞게 필요한 것을 제공하는 방식이다. '허용 가능'이란 말은 당연히 거래처의 모든 요구를 들어주는 게 아닌, 우리의 수익 범위에서 손실을 끼치지 않는 것을 말한다.

'원하는 것'과 '필요한 것'은 말로는 쉽게 이해가 가지만, 막상 거래처에 적용하려 하면 답답한 상황이 자주 발생한다. 필요한 것을 제공해야 한다는 생각에 불필요한 고집과 고객이 이해할 수 없는 근거로 거래처와 틀어지는 경우가 생기기 때문이다. 이러한 일이 생기는 근본적인 원인인 회사 내에 '필요한 것'에 대한 뿌리가 없기 때문이다. 고객에게 진짜 필요한 것이 무엇인지 모르는 경우가 있고, 알고 있더라도 그 부분에서 우리가 제공할 수 있는 프로세스가 제대로 갖춰지지 않은 상황일 때 이러한 문제가 발생한다. 우리가 스스로 이해할 수 있고, 이러한 거래처에 정말 도움이 되고, 필요한 프로세스라는 확신이 들어야 한다. 그리고 그러한 프로세스를 만들기 위해서는 회사 내부적으로 약간의 변화가 필수적이며, 동시에 고객이 이해할 수 있는 이득을 뚜렷하게 제시해야 한다. 그럴 수만 있다면 우리는 고객에게 '원하는 것'을 제공하며, 고객을 만족시키기 위해 끌려다니지 않고, 고객에게 '필요한 것'을 제공하며, 고객과 진정한 전략적 파트너가 될 수 있다.

고객이 왕이라는 말이 틀린 말은 아니다. 소비를 해주는 고객이 있어야 판매자도 존재할 수 있기 때문이다. 하지만 칭얼대는 왕을 받아주는데 우리 기업이 모든 힘을 쏟고 있다면, 이는 처음 의도와는 다르게 판매자에게는 떠나보내고 싶은 왕처럼 느껴질 것이다. 만약 고객에게 필요한 것을 주는 상황이 된다면, 이때는 왕과 왕이 만나는 상황이 될 것이다.

직원들이 각자 일에 충실하면 도움이 될까?

"회사의 성장을 위해 모두 각자의 자리에서 열심히 해주시기 바랍니다"라는 말을 신년행사나 월례조회 등 회사 내부 행사에서 한 번쯤 들어봤을 것이다. 각자의 위치에서 열심히 하자는 말이지만, 정말 이렇게 각자의 자리에서 열심히 한다면 회사 성장에 도움이 될까? 나아가 회사의 수익에 직접 영향을 미치는 부분에 도움이 될까?

만약 이 부분을 깊게 생각하지 않고 으레 하는 말이라 생각하고 넘어간다면 회사 발전은 고사하고, 현재의 매출과 수익에서 왜 자꾸 문제가 생기는지 모르게 될 것이다. 당연히 지나가는 말로 직원들의 업무에 대한 책임감을 주기 위해 하는 말일 수 있겠지만, 사실 이 말에는 추가로 붙어야 할 말이 있다. 바로 각자의 자리에서 충실한 것은 기본이고, 각각 소통하고 협업을 하는 데도 충실해야 한다는 말이다.

시장에서 소비자의 니즈가 단순했던 시기에는 판매자도 단순한 니즈에 맞춰 업무를 진행하면 됐다. 판매자가 제공하는 제품, 서비스도 복잡하지 않은 경우가 많았기 때문에 구매한 소비자에게 그 제품과 서비스가 전달되기까지 일련의 과정들이 상대적으로 예측 가능했다. 그래서 도중에 문제가 발생해도 말 그대로 각자의 자리에서 충실히 그 문제를 해결하면 회사 전체적으로 큰 문제가 없었다. 부서별로 발생하는 문제들이 거의 정해져 있었고, 그 부서에 한정되는 경우가 대부분이었기 때문이다.

하지만 앞서 말한 것처럼 소비자의 니즈가 복잡해지고, 대체재가 많아지고, 선택 과정에서 예측 불가능한 상황이 자주 발생하면서 문제가 생기기 시작했다. 우리 부서와 관련된 문제가 발생해서 소비자와 연락을 취해 상황을 파악해보니 우리 부서에서 해결할 수 있는 부분이 60%, 타 부서에서 해결해야 할 부분이 40%인 상황이 계속 발생하기 시작한 것이다. 점점 단일 부서에서 해결할 수 있는 범위가 줄어들고, 부서 간 통합적으로 해결책을 제시해야 하는 상황이 생겨나는 것이다. 이 말은 각 부서와 그에 속한 직원들의 업무 범위와 책임이 점점 중복되는 부분이 생겨난다는 것을 뜻한다. 이는 같은 일을 두 명이 하는 게 아니라 하나의 사건이라도 다양한 입장에서 해결해야 완벽하게 해결될 수 있다는 말이다. 소비자의 니즈와 선택이 복잡해짐에 따라 하나의 현상에도 여러 가지 상황과 감정이 섞여 있을 수밖에 없다. 다양한 고객들이 늘어나면 회사 입장에서도 다양한 해결책이 필요하기 때문이다. 그런데 각 부서 간 협업이 필요한 문제는 소비자와 직접 부딪히는 일뿐만 아니라, 회사 내부에서 부서 간 협업이 되지 않아 문제가 발생하는 예도 있다.

한 유통 관리자가 기존에 해오던 방식으로 거래처 납품 일정을 잡다보니 비슷한 부분에서 일정이 밀리는 것을 발견했다. 원인을 찾아보니 배차 시간과 몇 명의 운송 담당자의 스케줄이 유기적으로 적용되지 않고, 특정 거래처에 집중된 것을 알게 됐다. 이 상황으로 인해서 다른 거래처 배송에 차질이 생길 수도 있고, 실제로도 한 번씩 운송 스케줄이 밀리는 일이 생겼다. 이 때문에 종종 포장부터 제품 상차 스케줄에도 문제가 생겨 인력 낭비가 생기곤 했다. 하지만 특정 거래처에서 그 담당자를 선호한다는 이유만으로, 매번 급하게 추가 인력을 구해오거나 다른 직원들의 스케줄 조정이 불가피했다. 이러한 상황에서 큰 틀로 본다면 한 번씩 생기는 스케줄 문제가 크게 보이지 않을 수 있다. 주문과 배차를 담당하는 직원도 각자의 위치에서 최선을 다하고 있고, 운송 담당 직원도 거래처를 위한 행동을 하고 있다고 볼 수도 있다. 하지만 이러한 상황이 계속 쌓이게 되면 이 업무를 위해 노력하고 있는 여러 부서가 해결은커녕 당연하다는 듯이 각자의 선에서 문제를 넘겨버리기쉽다. 누가 나서서 해결하지 않기에 문제는 점점 쌓이게 될 것이고, 처음에는 작아 보이던 문제가 어느샌가 눈덩이처럼 불어나 눈에 띄는 손실을 줄 때가 되어서야 서로 책임을 전가하기 바쁠 것이다.

수익과 손실은 외부로부터 발생할 때 눈에 가장 잘 보인다. 하지만 내부에서 생겨나는 수익과 손실은 눈에 잘 띄지 않는다. 보인다고 하더라도 누구 하나 들춰내어 개선하려는 사람이 드물다. 외부의 문제는 소비자의 탓으로 전가할 방법이 있지만, 내부의 문제는 결국에는 직원들 본인의 문제들이기 때문이다. 직원들이 각자 일을 충실히 하는 것은 기본이다. 그 업무를 위해 그 자리에 있는 사람들이기 때문이다. 하지만 이제는 각자의 일에만 충실할 게 아니라, 서로의 일에도 나의 책임이 포함되어 있지 않은지를 확인해야 한다. 그렇지 않으면 열심히 일은 하지만 성과가 나지 않는 경우가 생길 수 있다.

신규 사업이 능사는 아니다

기업이 비교적 쉽게 확장하는 방법, 지금보다 한 단계 점프하는 방법이 뭐가 있을까? 바로 신규 사업을 진행하는 것이다. 회사에 유보금이 많아 충분한 투자를 할 수 있는 경우라면 신규 사업을 진행하는 회사를 인수합병할 수도 있다. 또한, 새로운 팀을 만들어 작게 시작해서 성장시킬 계획이라면 관련 분야의 전문가들을 대거 스카웃 해올 수도 있다. 기업 입장에서도 기존에 해오던 분야가 아닌 새로운 분야로 회사를 확장해 나가려는 계획이므로, 이를 성공시키기만 한다면 기대되는 수익을 고려해 가능한 투자를 지원할 것이다. 실제로도 자본이 충분한 중소기업에서는 Part 01에서 설명한 시그모이드 S곡선의 이론처럼 새로운 S곡선을 만들기 위해 미래 산업이라고 기대되는 분야에 많은 투자를 하기도 한다. 하지만 신규 사업은 말 그대로 지금까지 해보지 않았던 영역이고, 더군다나 그 산업이 이제 막 생겨나기 시작한 단계라면 투하되는 비용과 향후 나올 수 있는 기대 수익에 대한 예측이 어렵다. 그래서 막상 신규 사업을 진행하는 기업들을 보면 정말 확실하게 수익이 기대되는 것에만 투자하거나 '모 아니면 도'식으로 모험적인 투자를 하는 경우가 대부분이다. 그래서 많은 기업주가 신규 사업을 하면 돈을 번다는 생각을 하지만, 막상 신규 사업을 통해 기업을 한 단계 성장시키고 수익을 내는 사람들은 많지 않다.

지금은 점점 전기차가 대세가 되는 시대인데, 10년 전만 해도 전기차의 개념만 나왔을 뿐, 이게 언제 도로에서 주행할지 의문을 품는 사람이 많았다. 지금은 누구나 가지고 있는 스마트폰이 처음 등장했을 때만 해도 '이게 성공할까?'라는 의구심을 품었다. 그런데 그러한 분야에서 살아남는 기업들이 항상 생겨났고, 이 기업을 분석해보니 도전 정신은 당연하며, 기업 내부적으로 신규 사업을 성공시킬 요소를 가지고 있었다. 단지 수익만을 위해 신규 사업을 진행하는 사람들은 얼마 못 가 한계를 느끼고 사업을 철수하는 사람들이 대부분이었지만, 이들은 신규 사업이 성공할 수 있는 기업 문화를 가지고 있었다. 기업주를 포함한 직원들의 의식 자체가 새로운 사업을 즐기고, 이를 성공시킬 수 있는 확신이 있는 경우가 대부분이었다.

친한 김 사장이 향후 5년 뒤, 10년 뒤에 어떤 산업이 크게 성장할 거라며 신규 사업을 시작했다는 말을 듣고 '나도 해볼까?'라는 생각에 신규 사업에 뛰어들었다면, 몇 년 지나지 않아 흐지부지될 가능성이 크다. 더군다나 그동안 기존 사업에 필요한 인력들도 신규 사업에 매달리는 바람에 회사의 매출과 수익에 타격을 입을 수도 있다. 신규 사업은 단지 수익을 낼 수 있기에 진행하는 것이 아니다. 확실한 목표가 있고, 성공시키는 과정에 올 수 있는 어려움을 받아낼 준비가 되어 있는 기업에서만 신규 사업을 성공시킬 확률이 높은 것이다.

02

어디에서
수익이 나는지
알아야 한다

기업이 수익성을 개선하고 수익을 높이기 위해서는 우선 판매하는 제품과 서비스에서 그 원인을 찾아야 한다. 대부분은 우리가 판매하고 있는 제품과 서비스에서 모두 수익이 나고 있을 것으로 생각한다. 이러한 생각은 기업이 전체적으로 수익을 내고 있을 때 더욱 위험한데, 세세히 하나씩 살펴보기보다는 전체적인 이익을 보고 판단하는 경우가 많기 때문이다. 특히 중소기업으로 갈수록 어디서 수익이 나고 손실이 나는지 파악하지 못하는 경우가 많다. 대기업처럼 판매하는 제품의 종류가 많지 않아도 이를 분석하고 수익, 손실을 따져볼 인력 자체가 없기 때문이다. 그렇다면 이러한 업무가 필요할 때 외주를 주거나, 사장이 직접 진두지휘하며 진행을 해야 하는데, 외주로 진행하기에는 비용에 대한 막연한 부담감이 존재하고, 사장이 진두지휘하기에는 세세하게 알지 못하는 경우가 많다. 앞서 나온 예시처럼 부서 간 티가 나지는 않지만, 조금씩 쌓이고 있는 문제들은 사장이 모를 가능성이 크기 때문이다. 그런데 이러한 상황들이 손실을 발생시키는 큰 요인으로 작용할 수 있기에 직접 진행해도 원인을 찾지 못하는 경우가 많다. 그래서 결과적으로는 항상 외부적인 시장 상황, 거래처의 변심, 경쟁사의 공격적 마케팅 등으로 원인을 돌려 해결책을 찾는 경우가 대부분이다.

기업의 제품 70%는 손실을 주는 입장이다

그런데 제품을 유통하는 과정, 제품 사용 중에 기업에서 소비자에게 주는 서비스 등에서 큰 문제가 발생하지 않는 이상 대부분 손실을 주는 원인은 기업 내부에 있다. MIT 경영대학원에서 물류, 공급체인 관리, 통합 고객 관리 등을 가르쳐온 조너선 번즈(Jonathan Byrnes)는 비즈니스의 20~30%만이 수익을 내고, 나머지는 현상유지 또는 적자를 내고 있다고 말하면서, PC 제조회사 '델', 생활용품 업체 'P&G' 등의 문제를 해결해 이를 입증했다. 수익을 내는 20~30%가 나머지를 만회하며 기업을 이끌어가는 게 보통의 기업이며, 내부적인 문제를 찾아 해결하면 수익 비율을 올릴 수 있다는 말이다.

당연히 대기업과 중소기업은 조직의 크기와 구조가 다르므로 대기업에 효과적인 전략이 중소기업에도 효과가 있을 거라고 장담할 수 없다. 오히려 이를 너무 따라 하려다 보면 시간과 자원 낭비만 되는 경우가 많다. 다만 구조는 달라도 비슷한 상황에서 문제가 발생한다면, 중소기업의 상황에 맞게 변화시켜 알아볼 필요가 있다. 중소기업이 아무리 판매하는 제품의 수가 절대적으로 적다고 하더라도, 또는 단일 제품이라고 하더라도 판매되는 제품이나 서비스의 20~30%만이 수익을 주는 형태일 가능성이 크다. 오히려 그 비율이 더 안 좋을 수도 있다. 대기업의 경우 이미 브랜드화되어 시장에서 자리를 잡은 제품인 경우, 그 제품을 전담으로 담당하는 조직이 구축되어 있다. 하지만 중소기업 입장에서는 특정 제품을 전담으로 맡아 관리하는 조직이 없는 경우가 더 많고, 따라서 이를 세세하게 분석하는 게 쉽지가 않다. 전체적인 상황에서 문제가 발생하면 그제야 세세하게 어디가 문제인지 찾아보는 경우가 많기 때문이다.

우리 회사 제품은 모두 팔리는 만큼 수익을 가져다줄 거라 믿고 있겠지만, 사실을 따져보면 그렇지 못한 경우가 많다. 그 원인은 다양하게 있을 수 있는데, 거래처가 기업인 경우 지역에 따른 운송료가 다른데, 이를 가격에 제대로 반영하지 못하고 있는 경우가 있다고 하자. 전체적으로는 수익이 나는 상황일지 모르지만, 따지고 보면 수익을 깎아먹는 거래처가 생각보다 많이 존재할 가능성이 크다. 회사 마케팅팀 신설로 홍보가 진행되면서 온라인, 전화 주문의 비중이 늘고 있는데, 점점 비중이 줄어드는 오프라인 매장에 유지 비용이 더 들어가는 경우라면 어떻게 해야 할까? 당연히 오프라인 판매를 고객의 거부감 없이 줄이는 방법을 찾아 실행하면서 TM 부서를 확충하고, 추가적인 관리 시스템을 만들어야 하지 않을까? 아무리 온라인, 전화로 주문을 받아 수익을 내도, 그 수익이 오프라인 유지 비용으로 들어간다면 수익적인 측

면에서 상당히 비효율적이기 때문이다.

기업 내부의 문제란 다른 게 아니라, 제품이 생산되어서 소비자에게 팔리기까지 일련의 과정에서 오는 비효율적인 부분을 말한다. 그 과정에서 예상치도 못한 비용이 발생하고 있을 수 있고, 굳이 비용을 들이지 않아도 될 부분에 지금까지 비용을 들여가며 유지하고 있을 가능성이 크기 때문에 이 부분을 찾아내야 한다. 어디서 손실이 나는지 알아야 어디서 수익을 낼지 알 수 있기 때문이다.

시작은 제품별 수익성 파악하기!

모든 제품이 수익을 주는 것은 아니라는 말을 듣고 우리 기업 제품을 보기 시작하면 파고들지 않아도 어떤 게 효자 상품이고, 어떤 상품이 계륵인지 눈에 들어오기 시작할 것이다. 그런데 막상 파고들어 분석을 해보면 효자 상품이라고 생각했던 제품이 현상유지인 제품인 경우도 있고, 계륵이라고 생각했던 제품이 오히려 가장 높은 수익을 주는 제품일 수도 있다.

우리는 많이 팔리는 제품이 큰 수익을 가져다준다고 생각한다. 숫자로 찍히는 매출의 크기가 클수록 그 수치가 주는 기대감이 크기 때문이다. 하지만 매출이 높다고 무조건 수익이 난다고 생각하는 것은 큰 오산이다. 제품의 큰 매출이 생기기까지 중간중간 소모되는 비용이 오히려 더 크다면, 팔수록 손해인 상황이 생길 수도 있기 때문이다. 예를 들어 영업부 직원이 A거래처를 점차 규모를 키워 거래처 중 세 번째로 매출이 큰 곳으로 성장시켰다. 주력으로 주문하는 품목뿐만 아니라 주문이 없던 F제품이 조금씩 주문이 늘어가며 규모가 커지기 시작했다. 그런데 문제는 주문 규모가 커질수록 F제품의 단가를 점점 감당하기 힘든 수준으로 요구한다는 것이었다. 그렇지 않아도 F제품의 마진율이 제품 중 가장 낮은 상황인데, 이러한 요구까지 응해주려고 하니 기존 제품 판매로 나오는 수익이 점점 깎이는 상황이 된 것이다. 또한, A거래처의 주문 규모가 커지고 영업부 직원의 이야기를 토대로 예상 주문량을 산출해 원활한 출하를 위해 그에 맞는 재고관리를 하고 있었는데, 갑작스러운 A거래처의 주문 감소로 재고관리가 난감해진 경우가 생기기도 한다. 이러한 가운데 상황 개선을 위해 A거래처에 추가적인 판촉비가 지출되기라도 한다면, 오히려 팔수록 손해인 경우가 생길 수도 있다.

모든 제품이 수익을 주는 구조라면 가장 이상적이겠지만, 기업은 필연적으로 제품이 늘어갈수록 수익성이 달라진다. 모두 비슷한 방식으로 생산되고 비슷한 매출을 일으키며 비슷한 판관비를 가진다면 이를 크게 걱정할 필요가 없겠지만, 시장에 다양한 니즈를 가진 고객들이 늘어갈수록 기업도 이 상황에 맞추려 하기 때문이다. 하지만 이러한 상황이 반복될수록 기업은 주력 품목을 가진 기업이 아니라 고객에게 맞춰주는 기업이 될 뿐이다. 수익을 내기 위해 고객 맞춤 전략을 진행했지만 아이러니하게도 그럴수록 수익이 사라지는 상황을 맞을 수도 있다.

기업의 수익을 높이기 위해서는 무조건 제품의 상황부터 정리해야 한다. 매출이 큰 제품이라고 긍정적인 편견을 갖기보다 매출과 수익성, 향후 얼마큼 매출이 성장할 수 있는지 가능성 등을 종합적으로 판단해 제품을 평가해봐야 한다. 그래야만 어디서 수익이 나고, 어디서 그 수익을 상쇄시키는지 제대로 파악할 수 있다.

03

누가 수익을 내주는지
알아야 한다

수익 파악의 첫 번째가 제품별 수익성을 파악하는 것이라면, 다음으로는 그 제품을 가지고 누가 우리에게 수익을 주는지 알아야 한다. 매출이 나오는 거래처라고 해서 모두가 좋은 거래처는 아니기 때문이다. 즉 그동안 모든 거래처를 우리에게 도움을 주는 고객으로 생각했다면, 지금부터는 정말 도움을 주고 있는 고객과 도움을 주는 척하는 고객을 나누어 생각해야 한다는 것이다. 그리고 필요하다면 도움이 되지 않는 불량 거래처들을 과감히 잘라낼 수도 있어야 한다. 특히 B2B 거래 위주의 중소기업일수록 냉정한 판단이 필요하다. 우리도 사업을 하는 사람이고, 상대방도 사업을 하는 사람이라면 서로에게 이득이 될 수 있는 부분이 존재하는 거래가 성사되어야 한다. 만약 그렇지 않은 일방적인 구조라면, 이는 더 이상 사업적 동반자로 볼 수 없기 때문이다.

많은 중소기업 기업주들이 이 부분에서 어려움을 많이 느낀다. 몇 년

100억 기업으로 만들어 M&A하라!

동안 거래를 해온 거래처인데, 막상 제품과 수익성, 거래처별 매출, 수익, 비용 등을 모두 따져봤을 때 그 거래처는 현상유지 또는 간혹 손실을 주는 거래처임을 알게 되는 경우가 많기 때문이다. 문제를 인지했지만, 그간 거래를 유지해온 시간이 있어서 정을 생각해 회사 입장을 강하게 어필하지 못하는 경우가 많고, 혹시나 거래 조건을 변경하기 위해 새로운 제안을 한다면 거래가 아예 끊길지 모른다는 걱정이 든다. 실제로 이러한 상황임을 알고 있지만 강하게 새로운 제안을 하는 곳이 많지 않고, 본인들도 상대 거래처로부터 도움이 필요할 때 그만큼의 도움을 받는다고 생각하는 기업주가 많다. 하지만 막상 따지고 보면 그러한 일은 거의 없다. 오히려 시간이 갈 수록 혼자서 속앓이만 늘어갈 뿐이다.

모두에게 'Yes맨'이 되어서는 안 된다

이러한 상황들이 반복되면 좋은 의도를 가지고 상대방과 비즈니스를 시작해도 불만이 쌓이기 시작하면서 좋지 않게 끝나는 경우가 많다. 서로 양보하고 배려해주고 있다는 생각을 하지만, 정작 자신은 그러한 호의를 상대 거래처로부터 받지 못하고 있다고 느끼기 때문이다. 그러면 이러한 상황들이 반복되지 않게 하기 위해서는 우리가 어떤 결단을 내려야 할까? 많은 중소기업 기업주들을 고민에 빠지게 만드는 상황은 사실 모두에게 'Yes맨'이 되면서부터 만들어지기 시작했을 것이다. 작은 거래 하나도 소중하게 다가오는 상황에서 내가 조금 덜 벌더라도 상대방의 요구에 최대한 맞춰줘야 거래가 유지될 수 있다고 생각한다. 이렇게 사소한 부탁을 아무렇지 않게 조금씩 들어주다 보면 부탁이 점점 요구로 변하는 경우가 많다. '호의가 계속되면 권리인 줄 안다'라는 말처럼 거래처 관계로 인한 선의로 들어준 부탁들이 점점 당연하다는 듯이 지속된다. 그리고 이를 바로잡지 않으면 요구의 크기는 더욱 커지고 우리는 매출을 빌미로 끌려다니게 된다.

누가 우리에게 수익을 주는지 파악하기 위해서는 이러한 'Yes맨'의 자세를 버려야 한다. 그리고 기업을 운영하는 사람들 간 거래에서는 서로가 이득을 볼 수 있는 관계여야 한다. 각자의 상황에 따라 약간씩 거래 조건을 조율할 수는 있겠지만, 큰 틀로 봤을 때 일방적인 요구 관계가 아닌, 거래를 통해 서로 이익을 낼 수 있는 관계가 되어야 거래를 지속할 뿐만 아니라 우리 회사의 수익성 파악이 가능하다. 요구하는 모든 것을 들어주는 을과 같은 거래처가 아니라, 서로 갑이 되어 동반자로서 거래 관계가 확립되면 거래 안에서 비용을 줄일 방안을 모색할 수도 있고, 이를 어떻게 분배할지도 의논할 수 있게 된다. 따라서 당장 모든 것을 들어줄 것처럼 'Yes맨'이 되기보다 회사의 거래 기준을 명확히 하고, 이 기준에 맞춰 거래했을 때 얻게 될 이점들을 강조해야 한다. 그리고 그렇게 서로의 의도를 알아주는 거래처를 중심으로 집중해야 우수 고객과 불량 고객을 명확하게 나눌 수 있다.

그런데 왜 'Yes맨'이 될 수밖에 없는가?

기준을 확립하고 모든 거래처에 'Yes맨'이 되지 말라는 말은 누구나 공감할 것이다. 우리 입장에서는 당연히 내 사업이 잘 진행되어야 거래처에도 더 많은 것을 줄 수 있고, 회사가 존재할 수 있기 때문이다. 회사의 정체성이 사라지고, 기준이 모호하며, 거래처의 요구를 90% 이상 수용할 수밖에 없는 상황이 된다면, 당장은 눈에 보이는 매출에 안도가 될지 몰라도 그 끝은 좋지 않을 거라는 불안감이 항상 존재할 수밖에 없다. '이러면 안 되는데' 하면서도 이미 자리 잡은 거래 방식을 바꾸기는 쉽지 않기에 손실이 생겨도 '나아지겠지'라고 생각하며 참고 넘기는 경우가 대부분이다. 왜 항상 이렇게 'Yes맨'이 되면 안 된다고 생각을 하면서도 'Yes맨'이 될 수밖에 없을까?

'Yes맨'이 되는 가장 큰 이유는 거래처와의 거래 방식에서 우리 회사만의 기준이 없기 때문이다. 주문금액에 따른 차등 서비스, 할인부터 주문 후 거래대금 지불 방식, 사후 관리 방식 등에서 우리 회사의 기준이 모호한 경우가 많다. 그런데 문제는 모든 기업이 처음부터 이렇게 모호하지는 않았다는 점이다. 회사를 설립하고 거래처를 만들고 거래를 하기 시작하면, 작은 거래라도 방식에 있어 기준이 있기 마련이다. 복잡하진 않더라도 우리 회사는 주문 후 절차와 사후 관리가 어떻게 된다는 나름의 방식이 세워져 있기 마련이다. 그리고 거래처 수와 거래금이 늘어날수록 이 방식들이 점점 견고하게 다듬어지고, 세부적인 사항이 추가되는 게 보통이다. 그런데 다듬어지고 추가되는 과정에서 특정 거래처로부터 기준에서 벗어난 거래 제안이 들어올 때가 생긴다. 이미 소규모 거래처들의 주문 순서가 있어 대형 거래처 발주가 뒤로 밀려 있는 상황인데, 대형 거래처임을 내세우며 타 거래처보다 우선 발주를 요구하는 경우에 어떻게 대응할 것인가? 사장의 입장에서도 난감할 수밖에 없다. 아무리 거래 규모가 작은 거래처라고 하더라도 주문에 순서가 있고 이것을 지키는 게 도의인데, 대형 거래처에서 으름장을 놓는 예도 있기 때문이다.

이러한 상황에서 거래처의 요구를 들어주게 될 때 2가지 문제가 생긴다. 첫째는 대형 거래처와의 거래 방식에 있어 우리 회사의 기준이 모호해진 것이고, 둘째는 소규모 거래처로부터 신뢰를 잃을 수 있다는 점이다. 물론 이러한 상황이 생긴다면 미리 주문한 기업에 피해가 없도록 처리를 해야겠지만, 만약 그렇지 않은 상황이라면 거래 방식에 대한 기준이 흔들릴 수밖에 없다. 한두 번은 그럴 수 있다고 생각하고 넘어가기 마련이다. 하지만 거래처에서는 '저번에는 이러한 부탁도 들어줬는데 왜 지금은 안 되냐?'라는 생각이 들기 마련이다. 이렇게 거래를 지속하면 당연히 회사 내부에서 세운 거래 방식이 하나씩 지켜지지 않게 된다. 회사의 기준대로 흘러가는 게 아니라 거래처의 요구대로 기준이 흘러가는 것이다. 그렇게 되면 타 거래처에도 거래 기준을 내세울 명분이 사라지게 된다. "저기는 저렇게 해주는데 왜 우리는 안 되냐?"라는 식으로 나오게 되면 변명의 여지가 없기 때문이다. 회사의 기준이 한번 무너지기 시작해 그동안 쌓아온 기준들이 모두 무너지면 그때는 우리가 싫어도 'Yes맨'이 될 수밖에 없다.

그러면 '한번 Yes맨이 됐다고 계속 그렇게 거래를 해야 하는 건가?' 라는 생각이 들 것이다. 물론 벗어날 수 있고, 회사가 장기적으로 성장하기 위해서는 반드시 해야 하는 과정이다. 그런데 못 하는 것뿐이다. 한번 틀어진 기준을 잡기 위해서는 당연히 문제가 발생했을 때 상대 거래처에 문제를 말하고, 회사의 원칙을 관철해야 한다. 그런데 그 과정이 너무나도 힘들어서 시도조차 못 하는 예가 태반이다. 우선 이러한 문제가 생겼을 때 우리 회사는 거래처에 필요한 것을 주는 회사가 아니라 원하는 것을 주는 회사로 받아들여질 가능성이 크다. 따라서 발생한 문제들에 대해 자신들은 관여할 필요가 없고, 우리 회사에서 알아서 처리하길 바라는 마음이 클 것이다. '내가 거래를 해주는 입장인데 그러한 것까지 신경을 써야 하나?'라는 생각인 것이다. 그런데 우리 입장에서는 이 상황을 계속 끌고 갈 수 없기에 이 문제들을 어떻게든 해결하고 싶어 할 것이다. 당연히 그 과정에서 거래처와 다툼이 생길 수도 있고, 이 상황이 지속해서 거래처가 거래를 끊을 수도 있다는 불안감이 생길 수도 있다. 그래서 한번 'Yes 맨'이 되고 나면 그 상황을 원래대로 되돌리기가 너무나 힘든 것이다. 현재 상황이 힘들지만, 이것을 바꾸려고 하니 오히려 거래처가 없어져 더 힘들 수도 있을 거라는 생각이 지배적이기 때문이다. 'Yes맨'이 되어 우리의 기준이 사라지게 되면, 거래처와의 관계도 문제지만 누가 수익을 주는지, 우리는 누구에게 집중해야 하는지 알 수 없게 된다. 오직 그 특정 거래처 위주로 회사가 돌아가기 때문에 다른 곳에 많은 에너지를 쏟을 수 없게 되고, 회사의 인적, 물적 자원, 시간 등 모든 요소가 비효율적으로 낭비될 수밖에 없다.

그런데 이 상황을 조금씩 해결하고 우리의 기준을 관철해야 하는 이유가 무엇인가? 우리 기업이 생존하고, 수익을 내기 위함이다. 상황이 지속하면 그 끝이 좋지 않을 거라는 것은 누구나 알고 있다. 그래서 이를 해결하는 방법도 수익을 내면서 점점 에너지를 확보하는 방법으로 진행되어야 한다. 원래 우리의 기준이 이러했으니 이제부터 무조건 따르라는 식의 통보로 대응한다면, 거래처와의 관계가 급속도로 얼어붙을 것이다. 정말 한 번에 모든 거래가 끊길 수도 있는 상황이 생긴다. 그러므로 우리는 지금은 어쩔 수 없는 'Yes맨' 상황이지만, 우리가 에너지를 쏟았던 부분을 하나씩 하나씩 미리 준비해서 거래처에 전달해야 한다. 여러 명의 직원이 붙어서 100%의 에너지를 쏟았던 부분을 70~80%만 쏟을 수 있도록 발생 가능한 문제들에 대한 답변을 미리 전달한다든지, 우리가 손실을 볼 수밖에 없는 구조는 조율을 통해서 줄이는 방식을 제안해야 한다. 그렇게 조금씩 에너지를 아껴서 우리 기준을 만드는 데 에너지를 쏟아야 하는 것이다. 그리고 어디가 정말 우리에게 수익을 주는 거래처인지, 집중할 곳은 어디인지를 찾아내야 한다. 어떤 제품이, 누가 수익을 주는지 파악이 되지 않고, 이를 파악해볼 생각도 없다면 자기도 모르게 기준 없는 'Yes맨'이 될 것이다. 그리고 그 과정을 계속 반복하게 될 것이다. 자신이 'Yes맨'이란 것을 알아차리기 전까지 말이다.

100억 기업으로 만들어 M&A하라!

04

집중할 거래처
전환할 거래처

수익성 관리에서 기본적인 요소들은 제품과 거래처였다. 어떤 제품, 어떤 거래처가 우리에게 제대로 된 수익을 주는지 알아야 이를 바탕으로 관리가 가능하기 때문이다. 이렇게 요소들을 파악해봤다면 다음으로 우리는 제품과 거래처를 어떻게 관리할지 고민해야 한다. 여기서 가장 중요한 점은 거래처에서 발생하는 모든 매출이 우리에게 똑같은 가치를 주지 않는다는 점이다. 어떤 거래처의 매출은 우리에게 수익을 주지만, 어떤 거래처의 매출은 오히려 수익이 아니라 손실을 주고 있기 때문이다. 우리의 제품이 팔리는 일은 긍정적인 일이지만, 팔수록 우리에게 손실을 준다면 어떤 의미가 있을까? 반복해서 말하지만, 그만큼 손실을 주는 거래를 찾아 조치할 수만 있어도 우리의 수익구조는 크게 변할 수 있다. 더 큰 이익을 위해 새롭게 투자하고, 혁신하는 것보다 오히려 기존의 상황에서 손실을 주는 문제를 찾아 개선하는 게 시간과 비용은 줄이면서 더 큰 수익을 가져다줄 수 있기 때문이다.

거래처 관리는 분류에서 시작된다

거래처가 조금씩 늘어나면서 생기는 '평균의 함정'이라는 문제가 생긴다. 한 달의 매출과 비용을 따져 수익을 구했을 때 거래처와 매출이 늘어나면 늘어날수록 거래처별 분석보다 전체적 수치를 보기 때문이다. 물론 거래처가 조금씩 늘어나도 각각 분석과 대응을 하려고 하겠지만, 중소기업의 상황에서 그에 따른 인력 충원이 적재적소에 되지 않는다면 이는 불가능한 경우가 많다. 주요한 소수의 거래처가 있을 때는 지금의 인력으로 처리할 수 있지만, 이보다 조금이라도 거래처와 매출이 늘어나면 큰 매출이 일어나는 거래처와 큰 사건이나 불만이 생긴 거래처 위주로 인력이 집중되기 때문이다. 그렇게 되면 자연스레 전체적으로 수익이 나는 상황이라면 그 안에 문제가 있는 거래처는 묻혀 가는 경우가 생긴다. 그 거래처가 아주 큰 손실을 주는 사건이 발생하지 않는 이상 말이다. 이러한 상황이 지속하면 거래처 분류는커녕 전체적으로 모두 동일한 관리 방법으로 거래처가 관리되고, 그 안에서 어떤 거래처가 손실을 주는 거래처인지 찾을 수 없게 된다.

그러므로 우리는 거래처별 매출, 비용, 수익을 각각 분석하고 거래처를 분류하는 작업을 해야 한다. 여기서 비용이란 단순히 제품 생산에 들어가는 비용을 말하는 게 아니다. 제품 생산부터 재고보관, 거래처 운송비, 판매부터 판매 후 관리하는 직원들의 투입 정도, 예기치 않은 사건으로 인한 추가 비용 등등 그 거래처에 사용된 가능한 모든 자원을 추가해서 분석해야 한다. 아무리 매출이 많아도 거래처의 요구에 운송비 부담이 들쭉날쭉하다면, 오히려 손실을 주는 경우도 생길 수 있기 때문이다. 이렇게 거래처를 분석한 후 우리는 3가지로 거래처를 나눠야 한다.

① 집중할 거래처
② 현상유지에서 전환할 거래처
③ 축소할 거래처

그리고 이 3가지로 분류한 거래처는 각각 다른 접근법으로 거래처를 대해야 한다. 수익은 더욱 늘리고, 손실은 줄이는 방향으로 거래 방식을 만들어야 지금 상황에서 큰 시간과 비용 없이 수익을 몇 배로 늘릴 수 있기 때문이다.

집중할 거래처는 수익과 잠재력을 본다

우리는 모든 거래처에 똑같은 시간과 자원을 쏟을 수 없다는 점을 명심해야 한다. 따라서 가장 효율적인 방법을 찾아 수익을 극대화하는 전략을 취해야 하는데, 그중 가장 중요한 부분이 집중할 거래처를 선별하고, 이곳에 회사의 자원을 집중하는 것이다. 집중한다는 것은 그만큼 타 거래처보다 신경을 쓰고 있다는 의미이고, 다른 거래처에 제공하지 않는 서비스를 차별적으로 제공한다는 말이다. 매출과 수익 비중에 따른 차등적인 할인율이 될 수도 있고, 우선권이 될 수도 있으며, 마치 VIP 행사를 별도로 진행하는 것처럼 그들을 위한 특별한 행사를 여는 것일 수도 있다. 그 방법은 기업의 분류와 거래처의 상황에 따라 다양한 형태로 진행될 수 있다. 이러한 차별적 서비스를 제공하는 거래처를 어떻게 분류할지를 정하는 게 회사 입장에서 고민되는 부분인데, 이것은 수익과 잠재력을 참고해 집중할 거래처를 선정해야 한다.

우선 거래처 중 수익을 많이 주는 거래처를 나열해본다. 아무리 매출이 높아도 앞서 말한 다양한 변수들을 종합해보면 수익성 순위는 달라질 수 있다. 그리고 수익성을 순서로 나열했을 때 가장 첫 번째부터 매출 규모에 따른 수익의 정도와 잠재력을 함께 비교해본다. 수익이 어느 정도 발생하면서 매출 규모가 크거나 더욱 커질 가능성이 있는 곳이 좋다. 특히 매출 규모가 큰 거래처의 경우 우리 회사와 비교적 긍정적인 관계를 유지하고 있을 가능성이 크고, 거래처 정책에 관해서 논의하기가 수월할 수 있다. 우리가 거래 방식에 변화를 줄 때 이를 받아들일 가능성이 크다는 말이다. 이러한 거래처의 경우 제품의 단가에 따른 수익 문제보다는 우리가 가볍게 넘기는 곳에서 발생하는 손실이 쌓여 수익에 문제를 주는 경우가 많다. 거래처 맞춤 생산 과정에서 추가로 발생하는 비용 문제, 거래처와 연락을 주고받는 과정에서 늦어지는 일 처리로 인해 생기는 문제, 배송에서 오는 추가적인 비용 문제 등등, 단순히 단가를 두고 협상해서 해결되지 않는 부분의 문제들이 더 많다. 이러한 문제들은 자사가 변화했다고 모든 게 해결되는 문제가 아니다.

먼저 우리의 거래 방식이 변화하면 큰 틀 속에서 거래처와 세부적인 내용을 조율해가며 서로 맞춰가야 한다. 주문 방식을 선결제, 적립금 방식으로 거래 방식의 틀을 바꿨다면, 그 속에서 거래처가 수용 가능한 내용과 얻을 수 있는 이점들을 제시하고 맞춰가야 한다는 말이다. 거래처와의 관계가 좋을수록 이러한 변화가 처음은 어색해도 수용될 가능성이 크기 때문에 관계가 긍정적이고, 매출이 크거나 매출이 커질 수 있는 규모를 가진 거래처를 선별해 영업부와 내근부서가 집중해야 한다. 변화된 시스템에서 상대 거래처가 우리의 최고의 고객임을 인지해줄 수 있는 서비스를 제공해야 하고, 상대방이 이를 느끼게 함으로써 거래에서도 이점을 얻고, 신뢰가 쌓이는 영업을 해야 하는 것이다.

현상유지 거래처는 집중할 시기를 따져야 한다

거래처를 분류해보면 수익이 그리 크게 나지 않으면서 매출 규모도 그리 크지 않은 거래처가 나오게 된다. 평소에 거래처와 원만한 관계를 유지하고 있었고 매출도 적당히 나오는 곳이었기 때문에 크게 신경을 쓰지 않았지만, 막상 여러 요소를 보며 따져보니 그리 큰 수익을 주지 않는 거래처인 것이다. 이런 거래처들은 현상유지를 하는 거래처들인데 수익이 그리 크지 않다면, 사실상 회사에는 때에 따라 손실을 줄 수도 있는 거래처다. 분명 제품을 판매했는데 수익이 현상유지 선에 머물러 있다는 것은 우리가 계산한 판매 방식에서 벗어난 무언가가 있다는 것이다. 정상적으로 판매가 진행됐다면 매출이 크든, 작든 예상한 수익이 나와야 하기 때문이다. 그런데도 매출 대비 수익이 현상유지 선을 보인다는 것은 거래처와의 관계와는 별도로 큰 문제가 있음을 인지해야 한다.

앞서 집중할 거래처를 선별하고 우리는 그곳에 영업부, 내근부서 등 회사의 자원을 집중하고, 서로 이득을 볼 수 있는 거래 방식을 조율해 가며 활동하고 있을 것이다. 회사의 자원이 한정적일 수밖에 없는 중소기업 입장에서는 당연히 소수의 거래처에 집중하는 만큼 타 거래처에는 큰 역량을 쏟을 수가 없게 된다. 따라서 현상유지 거래처의 경우 집중할 시기를 찾을 때까지는 기존보다는 적은 자원을 투입해야 한다. 현상유지 거래처로 볼 수 있는 곳은 대부분 수익은 거의 나지 않으면서 매출 규모도 그리 크지 않고, 향후 매출이 많이 늘어날 가능성이 없는 곳이다. 거래처 회사의 연 매출이 100억 원인 곳과 10억 원인 곳은 거래가 늘어날 수 있는 규모 자체가 다르기 때문이다. 비슷한 관계를 유지하고 있는 곳이라면 당연히 연 매출 100억 원을 올리고 있는 거래처가 잠재력이 더 클 것이다. 아무리 기존에 관계가 좋다고 한들 계속 거래를 유지했을 때 서로 이득을 볼 수 없는 구조라면 시간이 지날수록 그간의 시간이 헛됨을 알게 될 것이다. 그동안 거래에서 서운했던 일들이 쌓여 한순간에 남남이 되는 거래처 관계가 되기보다는 서로 현실을 직시하고 점점 서로에게 도움이 되는 거래처로 발전할 방법을 모색하는 게 장기적으로 모두에게 좋다. 따라서 현상유지 거래처의 경우 우리의 거래처 방식과 거래처 유지 시스템이 어떻게 변화했는지 자세히 설명해주고, 함께 이득을 볼 방법을 제시해야 한다. 그리고 그 후에는 적극적으로 거래처를 방문하며 설득하지 않아야 한다. 수익이 현상유지를 맴돌았던 가장 큰 이유는 적재적소에 쓰여야 할 인적자원들이 불필요하게 낭비되는 경우가 많았기 때문일 가능성이 크다. 그 요소들을 잠재력이 큰 집중할 거래처에 집중을 시키는 대신, 현상유지 거래처의 경우 주기적이지만 그 간격을 길게 조율해서 방문하는 게 좋다. 또한, 지금 변화된 방식에서 다른 거래처들이 어떻게, 어떤 이득을 보고 있는지, 그래서 거래 규모는 어떻게 늘어나고 있는지, 어떤 점을 서로 보완해서 그렇게 변할 수 있었는지를 반드시 어필해야 한다. 또한, 중간중간 간단한 관련 소식지와 어필할 내용을 만들어 거래처에 보내는 방법도 좋다. 단지 거래 방식의 변화 이전과는 다른 운영방식을 진행하고 있을 뿐, 우리는 거래처에 똑같이 관심과 애정이 있고, 서로 득이 될 방안이 있다면 언제든지 거래를 키워갈 용의가 있다는 것을 알려야 하기 때문이다. 다만 그 전달 방식이 예전처럼 많은 자원을 쏟으며 하지 말아야 한다는 말이다.

현상유지 거래처들은 이러한 변화가 초기에는 어색하고, 언짢게 느껴질 것이다. '우리가 별로 수익도 안 나는 거래처고 매출이 적다고 홀대를 하겠다는 건가?'라고 느끼기 때문이다. 하지만 그러한 의도가 아니라 서로의 발전을 위해 방식을 변화했고, 우리는 언제든지 당신에게도 최고의 서비스를 제공할 준비가 됐다는 점을 어필할 때마다 상황을 예의 주시할 것이다. 현상유지 거래처들은 기존 방식의 변화를 두려워하는 곳이 많아서 선례가 생길 때까지 두고 보는 곳이 많다. 처음에는 "그렇게 한다고 되겠어?"라고 말하지만, 막상 그렇게 진행했던 거래처들이 더 좋은 서비스와 나은 수익을 내는 것을 볼수록 확신을 하기 때문이다. 그래서 현상유지 거래처에는 꾸준한 정보 제공과 간격이 길어지더라도 꾸준한 방문으로 회사의 변화에 대해 어필할 필요가 있는 것이다. 집중할 거래처가 현재의 수익과 시스템 변화에 집중하는 곳이라면, 현상유지 거래처는 향후 집중할 거래처가 될 수 있는 씨앗을 가진 곳이기 때문이다. 이러한 시기들이 지나게 되면 먼저 제안을 해오는 곳이 생길 수도 있고, 다양한 정보 제공 활동 중에 거래 조건이 맞아 매출이 커지는 곳이 발생할 가능성이 크다. 이러한 집중의 시기가 올 때까지 현상유지 거래처를 꾸준히 관리해야 한다. 너무 홀대할 경우 변화전 쌓아왔던 신뢰들을 한 번에 버리는 꼴이 되기 때문에 이러한 신규 거래를 다시 찾아야 하는데, 이때 드는 시간과 자원이 훨씬 더 많이 소모된다. 현상유지 거래처는 당장은 집중해서는 안 되는 곳이지만, 자원의 집중도를 낮춰 유지하며 집중할 시기를 따져야 한다.

손실이 나는 곳은 집중도를 낮춰라

많은 중소기업 대표들이 '우리에게 손실을 주는 거래처가 있을까?'라는 생각을 한다. '그래도 매달 수익을 내고 있고, 그렇게 큰 문제가

100억 기업으로 만들어 M&A하라!

있는 거래처도 없는데, 여기서 조금 더 열심히 하면 수익이 늘지 않을까?'라고 가볍게 여기는 경우가 많기 때문이다. 하지만 막상 거래처에 판매되는 제품의 규모와 그것에서 나오는 수익을 파악해보고, 그 이외에 거래처에 들어가는 요소들을 더해보면, 오히려 팔 때마다 우리에게 손실을 주는 거래처가 있다는 것을 볼 수가 있다. 손실이 나는 거래처를 보면 그 원인의 대부분은 우리가 가볍게 생각하는 비수익성 요소들이 간섭하고 있는 경우가 많다. 그 거래처에 나가는 제품은 공정이 한 번 더 들어가지만 큰 비용이 들거나 문제가 있는 부분이 아니었기 때문에 약간의 수익 감소를 감안하더라도 수익이 나므로 관계 유지차원에서 거래를 진행해줬을 수 있다. 큰 문제가 없는 것처럼 보이고 수익에도 문제가 있어 보이지 않았지만, 사실은 그 작은 공정으로 인해 타 거래처 출하에 문제가 발생하는 경우가 생길 수도 있고, 다른 거래처는 그 공정이 필요 없지만, 오직 한 거래처를 위해 그 공정을 유지하고 있는 경우가 발생할 수 있다.

중요 거래처가 늘어나 관리할 영업 사원을 충당했는데, 손실을 주는 거래처의 여러 불만으로 인해 영업 사원이 종일 잡혀 있는 경우가 발생할 수도 있다. 수익과 매출 규모가 큰 거래처에서 집중 활동을 하며 더 크게 키울 가능성이 있음에도 오히려 손실이 나는 거래처에 집중할 수밖에 없는 상황 때문에 많은 기회를 놓치는 경우가 생긴다. 인력을 충당했기에 회사는 그만큼 매달 추가적인 비용이 더 나가게 된다. 그러면 회사의 유지, 성장을 위해서는 직원이 비용 이상의 성과를 낼 수 있어야 하는데 그러한 상황이 되지 못하는 것이다. 당장 보이지는 않겠지만 이러한 비용들이 점점 쌓이게 되면 어느새 고정적인 요소로 자리 잡게 되고 손실이 나는 거래처는 큰 변화가 있지 않은 한 계속 그 요소들로 인해 손실을 주는 거래처로 남게 된다.

이러한 손실을 주는 거래처의 경우 거래 방식의 변화를 알림과 동시에 관리 방식도 바꿔야 한다. 최대한 영업 사원 및 회사의 자원이 집중되지 않게 회사 차원에서 공지해야 한다. 그래도 그간 적은 매출이라도 거래를 유지해온 곳인데 너무 야박하다고 생각할 수 있다. 하지만 그러한 상황을 계속 유지했을 때 우리 회사가 손실이 누적되어 폐업하는 것보다는 상황을 인지시켜주고 서로를 위해 노력하고 있음을 알려주는 편이 좋다. 따라서 손실이 나는 거래처는 간단하고 관리할 수 있는 툴을 만들어 제공해야 한다. 인력이 적은 영업 사원의 방문보다는 내근부서에서 주문과 피드백, 고객 관리가 가능한 직원을 통해 주로 전화, 온라인으로 관리해야 한다. 그리고 현상유지 거래처와 마찬가지로 변화된 내용에 대한 정보를 꾸준히 제공해야 한다.

손실을 주는 거래처의 경우 우리에게 악감정이 있는 거래처는 아니다. 거래처와 거래 방식에 있어 의견이 맞지 않는 경우가 많지만, 거래 유지를 위해 여러 조건을 하나씩 양보하면서 쌓인 경우가 대부분이다. 그리고 그 요소들이 잘못된 점이 있지만 마치 관행처럼 여겼을 가능성이 크다. 우리는 이 부분들을 찾아내고 이러한 요소들을 더 이상 끌고 갈 수 없다는 점을 명시해야 한다. 당장 거래처가 끊길 걱정이 먼저 들수 있지만, 우리에게 손실을 주고 있는 거래처를 안고 간들 무슨 의미가 있겠는가? 현상유지 거래처와 비슷한 방식으로 내용을 전달하고 관리하지만, 관리에 있어서 자원의 투입을 최소화해야 하는 게 손실을 주는 거래처다. 집중하고 있는 거래처와 현상유지 거래처에서 좋은 결과가 나올수록 이 거래처 중에서도 먼저 제안을 해오는 거래처가 생길 가능성이 크다. 그렇지만 그 확률이 낮아서 자원의 집중을 최소화하는 것이다.

매출이 나온다고 해서 모든 매출이 똑같이 우리에게 수익을 주는 것이 아니다. 거래처마다 상황이 다르고, 우리가 제공할 수 있는 서비스의 범위도 달라진다. 집중할 거래처, 현상유지 거래처, 손실을 주는 거래처를 수익과 매출, 비수익적 요소들을 보고 판단했지만, 이 기준들은 그 기업이 속한 산업과 거래처의 특성들에 따라 얼마든지 달라질 수 있다. 중요한 건 매출에 집중하는 경영이 아니라, 수익에 집중하는 경영을 해야 한다는 것이다.

매력적인 기업이 되려면
C.B.T를 구축하라

우리만의 장벽 C.B.T란?

앞서 워런 버핏이 말한 '경제적 해자'를 언급한 적이 있다. 버핏이 주주총회에서 해자라는 개념을 활용해 투자 전략을 설명하면서 쓰이기 시작한 단어다. '해자'란 성벽 주변에 인공으로 땅을 파서 고랑을 내거나 자연하천을 이용해 적의 접근을 막는 성곽시설을 말하는데, 경제적 해자는 기업이 경쟁사가 쉽게 접근하지 못하도록 자신만의 고랑을 파고 보유하는 것을 뜻한다. 한마디로 우리가 흔히 알고 있는 진입장벽과 비슷한 개념이다. 경제적 해자는 크게 4가지 개념이 있다.

① 무형자산(특허)
② 전환비용
③ 네트워크 효과
④ 원가 우위

이 중 하나 이상을 가지고 있는 기업을 경제적 해자를 가진 기업이라고 부른다. 워런 버핏은 경제적 해자가 있는 기업은 특정 섹터, 요소에 있어 경쟁사가 아직 따라올 수 없는 지점에 올라가 있는 경우가 많고, 고객으로부터 인정을 받고 있기에 매출, 수익, 성장성 등에 있어 높은 평가를 받는다고 말했다. 기업이라는 성 주변에 그 기업만의 고유한 경쟁 우위인 해자가 존재했을 때, 이는 경쟁자의 진입을 막고 기업에 지속적인 현금을 창출할 수 있는 '캐시카우' 같은 역할을 하게 된다. 경제적 해자가 점점 높아지고, 단단해질수록 경쟁자들은 그 기업과 경쟁하기 어려워질 수밖에 없다. 경쟁이 불가능한 것은 아니지만 적어도 투입된 비용 이상의 성과가 있어야 기업이 유지가 될 텐데, 성과를 창출하기까지 걸리는 시간만큼 버틸 수 있는 기업이 많지 않다. 따라서 거대 자본을 가진 기업의 경우 해당 산업에 진출을 위해서 오히려 경쟁사를 만들지 않고, 해당 기업을 인수하는 전략을 세우기도 한다. 하지만 시장에서의 영향력, 경제적 해자의 가치, 미래 성장성 등을 고려했을 때 그 인수 가치가 예상보다 높게 나올 수 있기에 쉽게 결정하지 못하는 경우가 많다.

콜라 음료 분야에서 독보적인 위치를 차지하고 있는 '코카콜라'의 경우 '브랜드'라는 경제적 해자를 가지고 있다. 사람들이 콜라 음료를 떠올렸을 때 가장 먼저 생각나는 브랜드가 '코카콜라'라는 것은 그만큼 전 세계적으로 코카콜라의 브랜드 파워가 크다는 것을 말한다. 이러한 브랜드 해자는 기업의 가치로 연결이 되는데, 인터브랜드가 2021년에 발표한 글로벌 100대 브랜드에 따르면, 코카콜라는 575억 달러, 약 68

조 원이 조금 넘는 가치로 평가받고 있다. 장기간 쌓아온 브랜드 해자의 가치가 어마어마한 기업가치로 평가받는 것이다.

그런데 이러한 기업의 장기적 생존 및 가치 상승을 위해 필수적인 경제적 해자를 가진 기업들을 찾아보면, 대부분 우리가 흔히 아는 대기업들이다. 애플, 아마존, 마이크로소프트, 코카콜라, 맥도널드 등등 물론 독보적인 기술력을 가진 중소, 중견 기업이 간혹 나오긴 하지만 그 비율 자체가 상당히 희박하다. '경제적 해자'라는 개념이 유행할 때 중소기업을 포함한 수많은 기업은 자신들만의 경제적 해자를 구축하려고 했다. 지속성장하고, 돈을 잘 버는 기업이 되기 위해서는 경제적 해자가 필요함을 느꼈기 때문이다. 다양한 방식으로 컨설팅을 시도하고, 전담팀을 꾸리기 위해 인력을 충원하고, 투자라는 생각으로 비용을 쏟으며 열을 올린 기업들이 많았다.

하지만 얼마 가지 않아 포기하는 기업들이 속출하기 시작했다. 3개월, 6개월, 1년이 넘어가기 시작하면서 경제적 해자를 구축하려는 장기 프로젝트가 언제 존재했었냐는 듯 대부분 사라지게 됐다. 경제적 해자가 필요한 이유와 대기업의 성장 과정을 보니 우리 회사도 이러한 해자를 구축하기만 한다면 장기적으로 엄청난 성장을 할 것이라는 기대가 많았지만, 막상 현실에서 경제적 해자를 구축하는 것은 쉬운 일이 아니기 때문이었다. 코카콜라가 오랜 기간 브랜드 파워를 쌓아오며 이를 경제적 해자로 만든 것을 보고, 우리도 자사 제품을 브랜드화시키겠다는 일념으로 브랜드 작명부터 개별 로고 제작, 온·오프라인 홍보, 제품 판촉 행사 등 다양한 활동을 하고 있다고 우리 제품이 코카콜라처럼 될 수 있을까? 홍보의 범위가 너무 좁아서 잘 진행되지 않았을까? 전국 단위 홍보를 진행하면 우리 제품이 유명해질 수 있을까? 멋있는 로고를 만들고, 여기저기 제품을 많이 홍보하다 보면 자연스럽게 제품의 매출이 많이 늘어나게 될까? 아마 그러한 일은 없을 것이다. 오히려 시간이 갈수록 막대한 비용 부담으로 회사가 어려워질 가능성이 커질 것이다.

높은 장벽보다 울타리를 만들어야 한다

다른 기업들이 높은 장벽을 만든 것을 보고, 우리도 저런 장벽을 만들면 좋겠다는 생각에 무조건 따라서 시작을 한다면 어떻게 될까? 비슷하게 보이는 장벽을 가져와 하나씩 세우는 사람도 있을 것이고, 기초가 중요하다며 아랫부분부터 차근차근 쌓으려고 시도하는 사람도 있을 것이다. 그런데 비슷해 보이는 장벽은 보기에만 비슷할 뿐 속이 비어있어 약간의 바람이 불어도 무너져 버렸다. 다시 세우려고 해도 잘 세워지지 않고 틈이 생길 뿐, 쉽게 무너져 내렸다. 차근차근 아래부터 장벽을 쌓아오던 사람도 이렇게 쌓아 올라가면 몇십 년이 걸려도 못 끝낼 것 같다는 불안감이 들기 시작한다. 아무리 기초가 중요하다고 하지만 막상 높은 장벽을 따라 만들려고 하다 보니, 할수록 불가능하다는 생각이 들었기 때문이다. 결국, 어떤 방법으로 시도를 하든 경쟁자가 넘볼 수 없는 높은 진입장벽을 만드는 것은 힘들다는 걸 깨닫고 포기하게 된다.

필자가 말하는 'C.B.T(Creative Barrier Tactics)'라는 전략은 중소기업이 현실에서 겪는 장벽에 대한 문제를 해결하기 위해 시작됐다. 아무리 대기업처럼 높은 장벽을 만들기 위해 노력해도 시도하면 할수록 불가능한 일임을 깨닫고 포기하는 게 대부분이기 때문이다. 왜 안 되는 것일까? 경제적 해자가 있어야 기업이 오래 존속할 수 있고, 현금흐름을 창출할 수 있다고 하는데, 왜 우리에게는 이러한 경제적 해자를 만드는 게 힘들까? 아니 불가능할까? 이유는 다름 아닌 처음부터 장벽을 만들 생각만 하기 때문이다.

시장에서 독보적인 기술, 아이템, 브랜드를 가진 중소, 중견기업이 아니라면 우리가 흔히 아는 대기업들처럼 경제적 해자를 만들기가 거의 불가능에 가깝다. 앞서 말한 독보적 기술을 가진 기업들이라면 마음만 먹는다면 진입장벽을 만들기가 훨씬 수월하다. 이미 독보적인 영향력을 갖추고 있어서 이를 한곳으로 모으고, 관리할 방안만 마련한다면 그 자체가 진입장벽이 될 가능성이 크기 때문이다. 하지만 일반적인 중소기업은 다르다. 이렇게 할 수 있는 기술력, 아이템, 브랜드가 전무한 곳이 대부분이다. 특별한 아이템을 판매하는 곳보다는 여러 경쟁자가 존재하는 시장에서 비슷한 아이템을 판매하는 회사가 대부분이며, 그 속에서 자신들만의 방식으로 거래처를 일궈오며 유지해온 기업들이 대부분이기 때문이다. 이러한 중소기업에 대기업이 사용한 전략이라며 다양한 전략을 가져와 적용하는 것을 무슨 의미가 있을까? 제품 단위부터, 관리, 생산, 영업 등 모든 것을 다른 곳에서 같은 방식의 전략을 적용한다는 것은 시간 낭비, 돈 낭비가 될 게 뻔하다는 것이다. 그러므로 오히려 우리에게 필요한 것은 큰 장벽이 아니라, 당장 우리 내부적인 능력을 갖추고 만들 수 있는 작은 울타리가 필요하다. 대기업이 진행했던 경제적 해자를 가진 세계적인 기업들이 했던 방식이 아니라, 중소기업의 현실에 맞는 작은 울타리를 만드는 전략이다.

C.B.T(Creative Barrier Tactics)는 말 그대로 '창의적 장벽 전략'이다. 일반적으로 생각하는 진입장벽이 아닌, 우리 기업의 상황에 맞는 요소들을 가지고 창의적인 우리만의 작은 장벽, 울타리를 만든다는 말이다. 중소기업은 대기업처럼 많은 비용과 인력 그리고 시간을 투입할 상황이 못된다. 한다고 하더라도 그 기간이 길 수 없을 것이다. 성과가 나지 않는다면 비용 감당이 어렵기 때문이다. 만약 이를 감당할 충분한 비용이 있는 중소기업이라면, 오히려 이 전략이 아닌 원하는 섹터의 좋은 기업을 인수하는 방법이 가장 빠를 것이다. 그러므로 중소기업은 당연히 지금 기업이 가진 자원을 최대한 활용하고, 기업이 처한 상황에서 만들 수 있는 작은 장벽을 만들어야 하는 것이다. 우리와 비슷한 제품을 팔고 있는 경쟁사가 여럿 있지만, 그중 이 지역에서 매출이 가장 높은 이유가 사장을 비롯한 소수의 영업 사원이 거래처와 두터운 신뢰 관계를 구축했기 때문이라면 이를 바탕으로 C.B.T를 만들 수 있다. 신뢰 관계가 좋으므로 경쟁사에서 제공하지 않는, 또는 제공하지 못할 서비스를 찾아(물론 회사의 수익과 실현 가능성을 따져야 한다) 우리만의 작은 장벽을 빠르게 만들 수 있기 때문이다. 또한, 우리 회사의 주문 시스템과 관리가 경쟁사보다 고도화되어 있어 주문 및 배송에 있어 불만이 적다면, 이를 바탕으로 주문 시스템을 특화해 거래처에 이점을 줄 방안을 만드

는 C.B.T를 구축할 수도 있다. 대기업 같은 영업 조직과 서비스, 주문, 배송 시스템이 아니라 우리 회사만이 제공할 수 있는 장점으로 작은 장벽을 만드는 것이다. 이러한 작은 장벽, 울타리가 만들어지면, 다음은 조금씩 범위를 넓히고, 조금씩 높이를 높여 가야 한다. 매출과 수익이 늘어날수록 이에 투입되는 자본, 인력을 조금씩 늘릴 수 있고, 이는 다시 장벽을 견고하게 만든다. 이 과정이 반복될수록 장벽은 점점 커질 것이고 장벽, 울타리의 범위도 점점 넓어질 것이다. 근처 지역에 기반하던 사업을 타 지역으로, 전국으로 확장할 수도 있고, 곳곳에 지점을 만들어 회사를 확장할 수도 있다.

중소기업은 처음부터 끝이 보이지도 않는 장벽을 부러워하며 따라잡을 노력을 해서는 안 된다. 그 끝은 항상 좋지 않게 끝난다는 것을 수많은 기업이 앞서 보여줬기 때문이다. 우리는 지금 우리가 할 수 있는 부분을 찾아내야 하고, 지금 우리가 가진 자원과 능력을 최대한 특화해야 한다. 이렇게 작은 C.B.T를 만들어 서서히 쌓아 올리게 되면 점점 단단하고 높은 장벽으로 변하면서 우리만의 C.B.T가 만들어질 것이다. 처음에는 아무도 신경 쓰지 않을 것이다. 경쟁사조차도 우리가 조금씩 변화하고 있다는 것을 눈치채지 못하는 경우가 많다. 그들이 보기에는 기존의 방식을 조금씩 벗어나는 게 두렵게 느껴지기 때문이다. 하지만 조금씩 이뤄진 변화가 마침내 우리 회사의 방식으로 자리를 잡게 되면 그때부터는 경쟁자가 없는 회사가 된다. 비슷한 제품을 판매한다고 모두가 같은 회사는 아니기 때문이다.

경제적 해자는 누구나 시도할 수 있지만 아무나 할 수 있는 게 아니다. 그렇지만 현실을 직시하고, 본인의 상황을 객관적으로 판단할 수 있다면 우리에게 맞는 C.B.T를 구축해 우리만의 경제적 해자로 키워나 갈 수 있다.

02

우리 회사만의 특징?
어렵게 생각하니
평생 못 찾는다

필자가 주장하는 C.B.T를 만들어나가기 위해서는 먼저 우리 회사의 특징을 찾아내는 것이 가장 중요하다. 그런데 특징을 찾는다고 말하면 기업주들은 대개 부담을 느낀다. 사실 깊게 생각해보면 우리 회사의 특징이란 게 생각나지 않기 때문이다. 규모도 작고, 매출도 그저 그런 중소기업에서 무슨 특징이 있어 자랑스럽게 말할 수 있을까 하는 의심만 하게 된다. 그도 그럴 것이 필자는 중소기업 사장님들과 컨설팅을 진행할 때 특징에 대해 항상 질문한다.

"사장님 회사 제품이나 경영 방식이 경쟁사와 다른 특징이 있다면 무엇일까요?"

그러면 대부분의 사장님이 이렇게 답을 한다.

"뭐 … 다들 비슷하니까 기회가 될 때 최대한 싸게 만들 방법을 찾고 가격 측면의 이점을 만들죠."

아마 대부분의 중소기업 사장님들이 비슷한 생각을 할 것이다. 제품이 특별한 것도 아니고, 그렇다고 우리가 특정 섹터에서 독점하는 형태가 아니라면 가장 먼저 생각나는 특징은 가격 경쟁력밖에 없기 때문이다. 더 낮은 단가, 높은 할인을 할 수 있는 상황을 만드는 게 판매를 키울 수 있는 가장 효과적인 방법이라고 생각한다. 그런데 이상한 점이 있다. 사장님들의 입장에서 다시 한번 생각해본다면 가격이 가장 중요한 요소이고, 거래처들도 가격에 따라 얼마든지 경쟁사로 거래를 바꿀 가능성이 있다. 그렇다면 경쟁사 중 가장 단가를 낮게 맞춰주는 곳으로 모든 거래가 몰려들어야 하는데 현실은 그렇지 않다. 그리고 현재 우리 기업도 단가는 중간 수준인데, 큰 매출은 아니더라도 꾸준히 매출이 발생하고 있다. 단가가 낮지 않은데도 누군가는 우리 제품을 계속 사고 있다는 말이다. 정확한 이유를 모르겠지만 누군가는 우리의 제품과 서비스, 우리 기업을 보고 제품을 구매하고 있다는 말이다.

기술만이 특징이 아니다

기술적인 특허가 있다면 그 기술을 따라잡는 경쟁사가 나오기 전까지는 시장에서 독점적인 지위를 확보할 수 있다. 따라서 많은 기업이 신기술을 개발하기 위해 기업을 인수하고, 신사업 진출을 선언하고, 능력이 검증된 개발자들을 스카웃한다. 그런데 이러한 일들은 보통의 중소기업과는 거리가 있는 이야기다. 대부분은 특정 기술이 필요 없는 제품이며, 기술력보다는 그간의 노하우를 제품 생산 및 관리에 적용하는 방식이다. 그렇다면 이러한 상황에서는 어떤 특징을 찾아야 할까? 기술도 아니고, 우리 회사만 보유하고 있는 장비가 있는 것도 아닌데 어떻게 해야 할까?

앞서 우리 회사가 지금도 계속 유지가 되는 이유는 누군가가 우리 제품을 구매해주고 있기 때문이라고 했다. 누군가는 비슷한 제품이라도 우리가 생산한 제품에 더 믿음이 가서 구매할 수도 있고, 그 이유가 신뢰감을 주고, 책임감 있는 영업 사원 때문일 수도 있다. 제품이 비슷해도 우리 회사가 주문 후 사후 관리에서 응대 방식과 일 처리가 경쟁사보다 신속해서 우리 제품을 구매할 수도 있다. 우리는 바로 이 점에 주목해야 한다. 특별한 기술이 없어도 누군가 우리의 제품을 구매하는 이유를 파고들어 가보면 흔히들 말하는 고객의 니즈, 고객의 가치를 찾을 수 있다. 우리는 고객이 왜 우리에게 구매하는지 집요하게 알아봐야 한다. 그 안에 우리가 만들 수 있는 특징의 정답이 들어 있기 때문이다.

보통은 고객의 니즈, 판매 방식에서의 특징, 직원의 특징 등을 고민해보라고 하면 본인들의 입장에서 생각하고 결론을 내린다. 우리가 이러한 니즈와 가치를 가지고 고객에게 전달했고, 그래서 이 부분에 공감하는 고객들이 구매한다고 생각한다. 정말 그럴까? 이러한 생각은 어디까지나 고객에 대해 절반만 생각하는 방식이다. 물론 고객의 니즈를 알기 위해 다양한 방식으로 사전 조사를 했을 수도 있지만, 보통은 자신이 정해 놓은 틀 안에서 그에 맞는 고객을 끼워 맞추려는 성향이 강하다. 그렇지 않으면 지금까지 준비했던 방식들이 모두 부정되기 때문이다. 처음부터 다시 시작하기에는 너무나 많은 매몰 비용이 발생할 수도 있고, 불확실한 시간을 다시 보내야 한다는 불안감이 들기 때문이다. 그래서 고객의 니즈에 대해 생각해보는 과제를 내주면 깊게 생각해보지 않는 경우가 많다. 물론 이러한 경우는 예상할 수 있기에 더욱 깊게 생각하는 방식을 다시 과제로 내주지만, 그만큼 우리는 진짜 우리가 정답을 얻을 수 있는 부분에 대해서는 정작 잘 모른다는 것이다. 단지 잠깐 생각하고 2~3가지의 특징을 적는다고 되는 것도 아니며, '시장의 상황이 이래서 고객들이 이러이러한 상황이다. 그래서 이러한 니즈가 있다'라는 식으로 간단히 해결될 문제도 아니다. 우리는 제품을 구매하는 고객들을 철저히 분석해보고, 왜 구매를 하는지 원인을 제대로 파악해봐야 한다. 표면적인 이유가 아닌, 그들이 우리에게서 구매하면서 느끼는 감정들을 함께 파악해야 한다는 것이다. 구매 행위는 단지 가격으로만 정하기에는 너무나 많은 요소가 작용하기 때문이다. 모든 요소를 세밀하게 파악해보고 우리가 가장 잘하고 있는 부분을 특징으로 극대화해야 한다. 그리고 그 부분을 가지고 구체적인 타깃을 만들어 공략해야 한다.

세계적인 디자인 그룹 IDEO(아이디오)는 아이디어가 쏟아져 나오는 회사로 유명한데, 그 이유는 회의 방식을 보면 알 수 있다. 큰 주제를 가지고 회의를 하는 게 아니라 상당히 구체적인 주제를 던져주고 세밀한 부분에 대한 답을 원하는 회의를 진행하기 때문이다. 예를 들어 자전거에 고정하는 컵과 관련된 디자인 회의를 한다면, "자전거 컵에 대한 아이디어를 주세요"라고 말하지 않는다. "자전거 통근자들이 커피를 엎지르지 않으려면 자전거 컵 걸이를 어떻게 디자인해야 할까요?"
라고 구체적인 주제를 던져준다.

이 질문에는 이미 커피를 엎지르지 않는 기능을 결론으로 내리면서
타깃으로 삼는 고객을 명시하고 있다. 자전거 컵 걸이를 구매하는 고객
들은 아주 많겠지만, 그중에서 커피가 넘쳐 불편함을 겪어본 경험이 있
는 사람들을 대상으로 타깃을 좁힌 것이다.

우리의 방식도 이와 비슷하다. 고객의 니즈, 가치를 파악하는 것은
다른 이유가 아니다. 우리가 특징으로 만들 부분이 어떤 고객을 타깃으
로 하는지 더욱 세밀하게 만들기 위해서 파악하는 것이다. 무언가 아주
큰 특징을 찾거나 전반적으로 모두에게 효과가 있을 법한 특징을 찾으
려고 한다면 계속해서 실수를 반복할 것이다. 이 거래처도 만족시키고
싶고, 저 거래처도 만족시키고 싶은 마음 때문에 제대로 된 특징을 찾
는 게 아니라 자꾸 타협점을 찾기 때문이다. 이러한 특징은 제대로 된
특징이 아니다. 두루두루 모두에 시도해볼 수 있는 특징이기에 그만큼
특별함이 빠질 수밖에 없다. 무난한 방식의 특징이라면 지금 우리가 하
는 방식과 큰 차이가 없지 않은가?

다시 한번 말하지만, 기술만이 특징이 아니다. 우리에게는 니즈를 파
악할 수 있는 구매 고객들이 존재하고, 그들을 통해서 우리의 진정한
특징을 찾을 수 있다. 고객의 니즈를 쉽게 생각하지 말고, 그들이 우리
에게 구매하는 진짜 이유를 파악해보라. 어떤 이유라도 상관없다. 특이
할수록 특별하게 만들어질 가능성이 크기 때문이다.

우리에게 맞는 방식은?

고객의 니즈는 다양하므로 그 특징 또한 당연히 다양할 수밖에 없다. 그 말은 우리가 특징으로 삼을 수 있는 부분이 무궁무진할 수 있다는 점이다. 그렇지만 그중에서도 중소기업 입장에서 잘 쓰일 방법들이 있기 마련이다. 경제적 해자의 큰 4가지 개념이 생각나는가? 그중에서도 우리는 '전환비용'에 집중할 필요가 있다. 전환비용과 관련된 예시로 가장 많이 나오는 게 '은행'인데, 시중 은행들의 서비스, 상품, 이자율 등을 따져보면 막상 그리 큰 차이가 나지 않는다. 하지만 특정 은행을 주거래 은행으로 정하고, 모든 은행 거래를 한곳으로 집중시킬수록 우리가 얻는 혜택은 점점 많아진다. 이자율과 수수료가 조금 더 낮아질 수 있고, 대출 등 기타 업무에 있어서도 혜택을 얻을 수 있다. 한 번, 두 번 이러한 서비스를 이용하다 보면 당연히 더 많은 서비스를 주거래 은행에서 이용할 가능성이 커지고, 그렇게 되면 우리는 특별한 사건이 발생하지 않는 한 주거래 은행을 변경하지 않는다. 타 은행으로 변경하기 위해서는 큰 고통이 따르기 때문이다. 기존에 누리던 혜택을 못 누리게 될 수도 있고, 새로 가입을 하는 절차가 귀찮을 수도 있고, 이를 해결하기 위해 시간을 내는 게 스트레스로 다가올 수도 있기 때문이다. 이 상황에서 주거래 은행 변경을 위한 고통을 우리는 '전환비용'이라고 부른다. 전환비용이 많이 들면 들수록 기존의 서비스를 계속 이어가려는 욕구가 크다.

중소기업 기업주들도 거래처와 관계에 있어 전환비용을 구축할 방법을 고민하는 것이 좋다. 우리와의 거래 관계가 깊어질수록 전환비용이 커져 경쟁사로 옮기는 게 큰일이 될 수 있도록 만들어야 한다. 그렇다면 이 과정에는 어떤 요소들이 필요하고, 거래처에 어떤 이점을 우리가 전달할 수 있을지를 계속 고민하고 적용해봐야 한다.

건축자재를 생산하는 A업체는 매출도 꾸준히 나오고, 비교적 안정된 경영을 하고 있었다. 그러나 어느 순간부터 회사의 성장이 정체됨을 느꼈다. 매출이 일정 수준 이상으로 늘지 않았고, 수익도 항상 비슷한 선을 유지했으며, 직원 충원에 있어서도 변동사항이 거의 없는 상황이었다. 그 이유를 보니 경영과 영업 활동에 있어 전반적인 의사결정, 활동을 사장 혼자 진행하고 있었기 때문이었다. 그래도 직원 수가 그리 적지 않은 곳이었지만, 아직 거래처 영업은 사장이 주로 담당하고 있었고, 내근부서 업무도 관여하는 부분이 많았다. 이러한 상황에서 가장 시급한 문제는 사장의 역할을 확실히 하고, 타 역할을 직원에게 맡기는 것이었다. 자신이 초기부터 오랫동안 거래처를 담당해왔기 때문에 새로 채용한 영업 사원의 활동이 성에 차지 않아 결국에는 본인이 활동하는 경우가 대부분인데, 이러한 상황을 지속하면 매출 성장에는 당연히 한계가 있을 수밖에 없다. 아무리 사장이라고 하더라도 많은 업무에 관여하며 몇 배로 일을 더할 수는 없기 때문이다.

이 회사의 경우 어떻게 특징을 잡아 C.B.T를 구축할 수 있을지 고민한 결과, 사장의 건축자재에 관한 관심 정도에서 그 해결책을 제시할 수 있었다. 관련 논문을 보는 것을 즐기고, 자재 관련 공부에 관심이 많았기 때문에 이 점을 특징으로 거래처에 정보 제공을 해보는 것이다.

거래처 사장들을 초청해 자재에 관련된 지식을 알려주고, 전문가 수준으로 분석해주면서 어떤 자재가 어떤 상황에 적합한지 등을 알려주는 것이다. 처음에는 관계가 좋은 거래처 위주로 홍보를 하며 스터디 형식으로 주기적인 모임을 하고, 점점 그 안에서 신제품 설명과 할인 등의 혜택도 제시하며, 모임 자체를 VIP 모임 형식으로 만들어가는 것이다. 그리고 그 후 거래처를 방문해 진행하는 세부적인 영업 활동들은 영업부 직원들이 해결하는 방식이다. 처음에는 소수로 시작할지 몰라도 점점 횟수가 쌓이고 VIP 모임으로 여겨지게 되면, 이는 더 이상 단순히 건축자재를 주문하는 관계가 아니라 주문은 당연하고, 새로운 지식을 주고받는 관계가 된다. 이렇게 사람들이 모이게 되면 추가로 다양한 서비스를 제공할 기회가 되기 때문에 우리 회사만의 특별한 행사를 개최하기가 수월해진다. 거래처들도 타사와 거래 시 이러한 모임에 속하거나 서비스를 받을 수 없기에 지속적인 모임과 서비스를 원하는 경우 이탈 가능성도 줄어든다.

앞의 예시처럼 우리는 다양한 방식으로 전환비용 형태를 만들어 거래처에 많은 이점을 줄 수 있다. 이 밖에도 특징을 찾고, C.B.T를 만드는 다양한 방법들이 있겠지만, 중소기업의 입장에서 봤을 때 큰 비용과 시간을 들이지 않고 변화를 줄 수 있는 가장 효율적인 방법은 회사에 맞는 전환비용을 구축하는 것이다. 거창하게 생각하지 않아도 된다. 우리와 거래를 통해서 거래처가 다른 곳과 차별성을 느낄 수 있는 것이면 어떤 것이든 가능하다. 그러므로 그 차이를 제공하기 위해 고객의 니즈를 제대로 찾는 것이 중요하다.

03

장벽이 단단해지려면
영업 조직이 필요하다

우리 회사만의 특징을 찾고 C.B.T를 만드는 것은 중소기업의 성장과 나아가 가치 상승에 있어 필수적인 부분이다. 아무리 회사가 잘되는 것 같아도 무작정 바빠지기만 하고, 특징 없이 외형적 확장만 시도하는 경우에는 한계가 드러날 수밖에 없기 때문이다. 마치 사장 혼자 시간이 지날수록 더욱 바빠지는 것처럼 말이다. 따라서 특징을 잘 찾고 C.B.T 장벽을 만들어도 이를 단단하게 쌓아 나가지 못한다면 얼마 가지 못해 무너지게 된다. 그러면 다시 이전의 방식대로 돌아갈 가능성이 크다. '역시나 안 되는구나'라는 생각이 들기도 할 것이고, 결국에는 가장 익숙했던 방식대로 다시 경영할 가능성이 크다. 그리고 그 방식은 대부분 사장 중심의 영업이다.

영업 조직이 왜 필요한가?

영업 조직을 구축하는 것은 중소기업에 있어서 필수라고 해도 과언이 아니다. 하지만 중소기업을 운영하는 기업주들은 영업 조직을 구축하는 것을 꺼려하는 사람들이 많다. 물론 많은 기업주가 처음부터 영업 조직 구축을 꺼리는 것은 아니었다. 어떤 중소기업이든 매출이 발생하고 조금씩 안정적으로 거래처가 하나씩 늘어나다 보면 기업은 선택해야 할 때가 오는데, 지금 상황에서 '유지를 하느냐, 아니면 확장하느냐?'다. 당연히 대부분 확장하는 방법을 선택한다. 설비를 늘리거나, 인력을 충원하거나, 부지를 넓히거나, 신제품 개발에 착수하거나, 새로운 제품들을 들여와 위탁 판매를 하기도 한다. 당연히 신규 거래처도 만들어야 하고, 늘어나는 거래처를 관리해줄 영업부 직원들이 더 필요하기 마련이고, 그래서 인원을 충원한다. 사장과 임원 면접을 통해 괜찮아 보이는 직원들을 채용하고, 약간의 교육을 거쳐 투입된다. 그런데 이때부터 문제가 생긴다. 얼마 지나지 않아 영업부 직원들이 하나둘 퇴사를 하는 것이다. 그렇게 많지도 않은 곳에서 3명을 뽑았는데, 6개월 만에 모두 퇴사를 해버리자 다시 채용에 나선다. 제대로 된 사람들이 아니어서 금방 퇴사를 했다고 생각하며, 이번에는 기업에 맞는 사람을 뽑겠다는 다짐으로 경력직 위주로 채용한다. 하지만 이번에도 그리 오래가지 못하고 모두 퇴사를 한다. 결국, 사장은 당분간은 영업부의 추가 채용 없이 일을 서포트해줄 직원 한 명만 새로 채용하고 이전의 방식을 유지한다.

100억 기업으로 만들어 M&A하라!

왜 이러한 일이 계속 반복될까? 중소기업은 시작부터 회사를 키워오기까지 기업주의 노력이 많이 들어간 경우가 대부분이다. 초기에 막대한 자본으로 시작하는 회사가 많지 않기에 소수의 인원으로 시작해 경영, 영업, 생산, 납품, 관리 등 회사 전반적 업무를 가급적 모두 처리하며 회사를 키워왔다. 당연히 회사의 모든 업무에 기업주가 개입하는 습관이 회사가 성장해도 자연스럽게 남아 있는 것이다. 특히 영업의 경우 회사가 성장할 수 있었던 원인이 거래처의 매출 증대이므로 기업주와 거래처와의 관계도가 높은 곳이 많다. 처음부터 지금까지 봐오며 관리를 했던 곳이기 때문이다. 주요 거래처들이 모두 사장의 관리하에 움직이는 형태인 것이다.

이러한 상황에서 회사 확장을 위해 영업부 직원을 채용했는데, 배정받은 거래처들 모두 사장의 지시하에 움직여야 하는 곳이라면 어떻겠는가? 계약, 주문과 관련된 일은 모두 사장이 진행하고, 영업부 직원은 그 외의 지시받은 기타 업무만 처리하는 상황이라면 영업부 일에 대한 흥미를 잃게 될 것이다. '이러한 상황이면 오히려 영업부 직원이 편하지 않을까?'라고 생각한다면 큰 오산이다. 우선 업무에 대한 자신의 발전을 기대할 수 없기에 이 부분에 대해 갈망이 있는 직원은 큰 상실감을 느낄 것이다. 또한, 사장의 입장에서는 자신이 실질적으로 거래처를 담당하는데 영업부 직원들이 크게 하는 일이 없다고 생각하기에 그만큼 보수, 인센티브에 있어 소극적일 가능성이 크다. 그리고 마지막으로 사장 자신이 누구보다 거래처를 잘 안다고 판단하므로 영업부의 일 처리가 만족스럽지 않게 느껴지는 경우가 많을 것이다. 성에 차지 않기에 당연히 개입이 많을 것이고, 행동 하나, 말투 하나까지 개입하는 상황이 자주 생기게 된다. 당연히 영업부 입장에서는 자신이 주체적으로 할 수 있는 게 하나도 없고, 보수가 높은 것도 아니며, 자신의 커리어에도 발전이 없기에 퇴사를 고려하는 경우가 많은 것이다.

사장의 노력으로 초기부터 지금까지 회사를 성장시켜온 것은 맞지만, 점점 성장할수록 모든 업무에 관여하는 일을 조금씩 줄여야 이후 확장을 이룰 수 있다. 아무리 뛰어난 사장이라고 해도 혼자서 영업을 하고, 경영하며, 회사를 키워나가는 데는 한계가 있기 때문이다. 현 단계에서 2~3배 확장하기 위해 사장 본인이 지금보다 2~3배 열심히 활동하려는 생각이 있다면, 항상 지금 수준으로 돌아올 가능성이 크다. 조금 늘어나는 것 같다가 다시 제자리로 돌아오는 과정을 계속 반복할 것이다. 분명 사장 중심의 영업은 회사 매출 확대에 있어 한계점이 있음을 반드시 알아야 한다.

그러면 답이 무엇일까? 제대로 된 영업 조직을 구축하려고 노력해야 한다는 점이다. 여기서 제대로 된 영업 조직은 사장이 모든 것을 관여하는 영업 조직이 아닌, 그들에게 점점 자신의 업무를 이관해주고 사장은 사장의 업무를 실행하는 것을 말한다. 중소기업이 성장하기 위해서는 제품, 서비스가 잘 팔려야 한다. 그리고 확장을 하기 위해서는 제품, 서비스가 지금보다 몇 배로 잘 팔릴 수 있게 시스템을 구축해 나가야 하는데, 그 첫 번째가 영업 조직, 또는 판매를 증가시켜줄 마케팅 조직을 구축하는 것이다. 기업의 확장은 단순하게 사람을 조금 더 뽑고, 지금보다 약간의 매출이 증대되는 것이 아니다. 매출, 수익 같은 외형적인 성장을 바탕으로 내부적으로는 탄탄한 조직을 구축하고, 이 조직으로부터 추가적인 외형적 성장이 생기고, 이를 바탕으로 필수적인 조직이 추가로 생기는 것을 말한다. 즉, 수익, 조직 구축의 선순환 구조가 생기며 탄탄한 조직이 확대되어 회사의 시스템으로 자리 잡는 것을 말한다. 영업 조직이 필요한 이유는 단순하게 매출을 늘리기 위해서가 아니다. 가장 기본적인 매출, 수익 증대를 바탕으로 회사의 중심이 될 조직 시스템을 구축하기 위함이다.

C.B.T의 완성은 영업 조직 구축에 있다

C.B.T는 우리 회사의 작은 장벽, 울타리를 만드는 것이라고 했다. 누군가는 지금도 우리 제품을 구매하고 있으므로 회사가 유지되고 있고, 구매하는 이유가 반드시 있기에 그 이유를 제대로 파악하면 고객의 니즈를 바탕으로 우리만의 특징을 찾을 수 있다. 그리고 그 특징을 바탕으로 우리만의 C.B.T를 만들 수 있다. 하지만 특징을 만들기만 하는 건 반쪽짜리 C.B.T다. 아무리 좋은 특징, 시스템을 만들었다고 하더라도 이를 제대로 실행시켜줄 사람이 없으면, 결국에는 제자리로 돌아가기 때문이다. C.B.T의 완성이 영업 조직 구축이라고 말하는 것도 이러한 이유다.

C.B.T를 구축했다는 것은 우리 회사가 지금보다 수익을 증대시킬 수 있고, 거래처를 효율적으로 관리할 수 있는 틀을 만들었다는 것을 말한

다. 중소기업은 당장 변화된 시스템을 실행시킬 자원, 시간이 부족하기에 현재 상황에서 최대한 시작할 수 있는 전략을 만들어야 하는데, 그게 C.B.T다. 직원이 5명이든, 10명이든 현재 인원으로 시작하는 방법으로 특징을 만들고, 현재 상황에서 수익을 최대한 끌어올리는 것이다. 언제까지 지금 상황에 머무를 수만은 없다. 현재 상황을 개선하고, 수익이 늘어나게 되면 당연히 조금씩 이를 확장하기 위해 노력해야 한다. C.B.T라는 특징의 틀을 계속 가다듬고, 그 속에서 활동할 직원들을 계속 충원하며, 우리 회사만의 시스템을 만드는 것이다.

처음에는 사장과 영업 사원 두 명이서 매출이 아닌, 수익 중심의 영업 활동을 하기 위해 거래처를 분류했다고 가정하자. 집중할 거래처, 전환할 거래처, 손실 거래처 3가지로 타깃을 나눌 것이고, 전략에 따라 집중도를 다르게 할 것이다. 이때 집중할 거래처에서 지금보다 높은 수익을 내기 위해 서로 이득이 되는 거래 방식을 찾아 진행할 것이다. 보통 우리가 가볍게 넘기던 고정적 비수익 부분이 발견될 것이고, 이를 해결하는 새로운 방식을 찾는 게 특징을 기반으로 한 C.B.T 구축이다. 사장과 영업 사원들은 집중 거래처에 C.B.T를 적용한 새로운 틀 안에서 영업을 하게 되고, 서로 이득을 높여가는 방향으로 업무를 진행한다. 또한, 전환할 거래처에는 비교적 긴 주기의 방문과 전화, 메일 등으로 우리의 새로운 C.B.T 틀의 거래 방식을 꾸준히 알린다. 집중 거래처의 수익 증대와 손실 거래처의 비중을 줄이는 것을 1차 목표로, 수익에 여유가 생기게 되면 이때부터는 영업 조직 구축을 위한 투자를 진행해야 한다. 더불어 영업 부서의 규모가 늘어날수록 사장은 영업부 업무가 아닌, 사장의 업무로 돌아가 전반적인 사항을 확인하고 조율하는 역할을 해야 한다. 그렇게 집중 거래처에서 효과가 커지기 시작하면 영업 조직의 규모에 따라 전환 거래처 중 몇 군데를 집중 거래처로 선별해 회사의 자원을 집중한다. 집중 거래처가 늘어나고, 매출 규모가 큰 거래처들이 늘어날수록 수익이 늘어나는 방식의 거래로 전환했기 때문에 여기서 발생하는 수익으로 조직 구축을 늘려갈 수 있다. 앞서 말한 C.B.T와 영업 조직, 시스템 구축의 선순환이 만들어지는 과정이다. C.B.T 구축과 거래처 분류가 회사 시스템 변화의 준비단계였다면 영업 조직 구축과 활동은 C.B.T를 더욱더 단단하게 만들어주는 역할을 한다. 장벽을 더욱 높게, 넓게, 단단하게 해주는 역할을 한다는 것이다.

중소기업이 매력적인 기업이 되고, 더 많은 수익을 내고, 규모를 키우고, 지금보다 몇 배의 가치로 인정받기 위해서는 '분류, 특징, C.B.T, 영업 조직'이 순서대로 적용되어야 한다. 어느 하나가 제대로 작동하지 않는다면 분명 그 과정에서 어쩔 수 없이 추가적인 손실이 발생할 수밖에 없다. 지금 우리 기업은 어떤 전략을 취하고 있는지, 어떤 단계에서 막혀 있는지 깊게 고민해볼 필요가 있다.

목표는 시스템화

01

도대체
시스템화가 뭐야?

우리는 은연중에 '시스템화'라는 단어를 자주 쓴다. '저 회사는 시스템화가 되어 있네', '저 부분을 좀 시스템화하면 좋을 것 같은데?', '이 가게는 직원들이 시스템화가 되어 있네' 등 일상생활에서도 많이 사용한다. 그런데 정말 시스템화가 무엇일까? 무엇을 보고 우리는 시스템화라고 말을 하는 걸까? 시스템화의 사전적 정의는 다음과 같다.

① 체계, 조직, 제도 등 요소의 집합이나 요소와 요소 간의 집합

② 어떤 과업의 수행이나 목적 달성을 위해 공동 작업하는 조직화된 구성 요소의 집합

③ 지정된 정보 처리 기능을 수행하기 위해 조직화되고 규칙적으로 상호 작용하는 기기, 방법, 절차, 그리고 때에 따라 인간도 포함하는 구성 요소들의 집합

어떤 일을 처리하기 위해 사람을 포함한 어떤 요소들이 조직적, 규칙적으로 상호 작용을 한다는 말이다. 이 중 우리는 시스템화를 이해하기 위해서는 '조직화'라는 단어를 더 알아볼 필요가 있는데, 조직화의 사전적 정의는 다음과 같다.

사물이 일정한 질서를 갖고 유기적인 활동을 하게끔 통일이 이뤄짐,
또는 그렇게 함.

사람을 포함한 어떤 요소들이 어떤 일을 처리하기 위해 일정한 질서를 가지고 서로 유기적으로 활동한다는 뜻이다. 즉, 우리가 은연중에 많이 사용하는 시스템화는 어떤 일이 발생했을 때 그 처리 방법이 이미 나와 있고, 그에 따라 처리되는 방식을 말한다.

이를 식당에 적용하면, 주문이 들어온 후 음식에 따라 누가 어떤 재료를 누구에게 가져다줘야 하는지, 누가 어떤 조리도구를 가지고 어디에서 음식을 만들어야 하는지, 요리가 완성되면 어디에 요리를 두고, 누가 손님에게 전달해야 하는지 등의 과정들이 이미 정해져 있는 것이다.

기업을 예로 든다면, 거래처를 만나는 영업 사원이 어떤 자료를 어떻게 전달할지, 어떤 전략을 사용할지, 주문이 들어왔을 때 이를 처리하는 사람, 주문을 확인하고 생산으로 연결하는 사람, 중간 관리부터 출하까지 책임지는 사람, 피드백을 받는 사람 등 프로세스마다 각자의 역할과 책임이 정해져 있는 것이다. 당연히 각 과정을 세분화해 시스템화

를 시킬수록 업무 반응 속도가 올라가겠지만, 그만큼 각 과정에 필요한 직원들이 많아질 수밖에 없기에 회사의 규모가 점점 커질수록 세분화를 시켜야 한다.

우리가 이렇게 시스템화에 관심을 두고 기업에 시스템을 만들기 위해 노력하는 이유가 무엇일까? 바로 시스템의 존재 여부가 사업 규모를 결정짓는 중요한 요소이기 때문이다. 회사는 자사의 제품이나 서비스를 판매하며 이익을 얻는다. 그리고 그 제품이나 서비스가 생산, 판매, 관리되는 업무들을 하나씩 조직화시키면서 시스템화가 되어간다. 이 시스템이 정형화되면 비슷한 능력이 있는 사람, 요소들을 똑같이 배치하고, 제품과 서비스를 똑같이 생산, 판매, 관리하며 규모를 키울 수 있다. 이게 곧 시스템화를 통한 규모의 확장이다.

동네 개인 슈퍼와 대형 프랜차이즈 마트는 같은 상품을 판매한다. 그러나 프랜차이즈 마트는 다양한 도소매 공급업자들을 통해 많은 양의 상품을 입고하고, 물류 시스템을 구축하며, 상품의 규모를 키우면서 규모의 경제를 실현한다. 하지만 동네의 개인 슈퍼는 사장 혼자서 모든 것을 관리한다. 또 어떤 사람은 혼자서 작은 빵집을 운영하며 모든 일을 다 해결하지만, 어떤 사람은 빵집을 브랜드화시켜 전국 프랜차이즈 빵집을 만들기도 한다. 똑같이 상품을 파는 마트를 운영하고 있고, 빵을 파는 사장님이지만, 누군가는 제품과 서비스를 가지고 돈을 버는 방식을 조직화, 정형화시킴으로써 시스템을 판매했다. 이 차이가 바로 사업의 규모를 결정짓는 요소다. 당연히 이러한 시스템들은 대기업으로 갈수록 잘 만들어져 있으므로 사업 규모가 클 수 있는 것이다. 우리가 은연중에 '시스템화'라는 단어를 많이 사용하기 때문에 체감을 못 할 뿐이지, 사실은 시스템화가 되어 있다면 그 사업의 규모는 우리가 생각하는 것보다 훨씬 크다.

관리 시스템, 업무 시스템

시스템을 어떻게 나누고 정의할지는 기업을 보는 시각에 따라 조금씩 다를 수 있다. 크게 보는 사람이 있는 한편, 구조 자체를 세분화시켜 보는 사람들도 있기 때문이다. 필자는 기업에 필요한 시스템화는 크게 2가지라고 본다. 첫 번째는 관리 시스템이다. 흔히들 내부적 시스템이라고 부르기도 한다. 그리고 두 번째는 업무 시스템이다. 업무의 과정이 어떻게 시스템화되어 있는가를 말하는데, 업무는 보통 외부에서 내부로 전달되는 경우가 많다. 따라서 외부 활동과 그를 이어받는 내부적 활동이 유기적으로 이어지는 게 핵심이다.

먼저 관리 시스템은 직원들을 어떻게 관리할지를 정하는 시스템이다. 직원 관리는 취업 규칙, 사내 규정, 업무별 역할, 책임부터 문서 양식, 자료 관리, 보고 방식 등을 직원마다 알게 하고 이를 지키게 하는 것을 말한다. 직원의 역할과 상황에 따른 처리 방식이 정해져 있지 않으면, 조금만 다른 상황이 발생해도 내부적으로 쉽게 혼란이 온다. 만약 신입 직원에게 명확한 업무지시 없이 "오는 전화 잘 받고, 그대로 처리하면 돼. 모르면 물어봐!"라고 했는데, 그 직원이 거래처에서 복잡한 주문 전화를 받는다면 어떻게 되겠는가? 아마 그 직원의 역량에 따라 주문의 향방이 갈릴 것이다. 주문을 전담으로 담당하는 직원이 있겠지만, 이를 명확하게 해주지 않으면 이러한 사소한 상황에서도 생각보다 큰 혼란이 발생할 수 있다. 따라서 이러한 문제들을 보다 효율적으로 관리하기 위해 사내 인트라넷 시스템을 구축해 누가 어떤 업무를 하는지, 그 업무의 진행 척도는 어떻게 되는지 등을 공유하며 혼란을 줄여나가는 회사가 많아졌다.

다음으로 업무 시스템의 경우 외부에서 전달된 사항을 내부에서 얼마나 빠르고 정확하게 피드백을 해주는지가 핵심이다. 만약 영업 사원이 거래처와의 계약을 성사시키고 주문과 함께 거래처에서 요청한 추가적인 자료, 샘플 등을 내부 직원에게 전달했다면, 이를 맡아서 해결할 부서별 역할이 명확히 정해져 있어야 한다는 것이다. 영업 지원팀 또는 소규모 회사라 팀이 없다면 누군가가 영업 지원팀 역할을 맡아서 자료와 샘플을 준비하고, 영업 관리팀 또는 그와 비슷한 역할을 하는 팀원이 준비된 자료와 함께 주문 확인 및 거래 유의사항을 영업 사원에게 알리는 역할을 해야 한다. 보기에는 간단하고 당연한 것처럼 느껴지지만, 안타깝게도 막상 중소기업에서 이러한 과정으로 매끄럽게 진행해 나가는 곳을 찾아보기 힘들다.

시스템은 규모가 커야 가능한 거 아닌가요?

중소기업에서 매끄러운 시스템을 볼 수 없는 이유가 뭐라고 생각하는가? 인원이 적어서? 일이 많아서? 군이 필요가 없어서? 회사의 상황에 따라 다양하게 나올 수 있지만, 가장 많이 나오는 답변이 '인원이 적어서'다. 그리고 그다음이 '군이 필요가 없기 때문'이다. 인원이 적기 때문에 업무를 나눠서 처리할 상황이 되지 못하므로 모두가 올라운드 플레이어(All-round player)가 되어야 한다는 말이다. 정말 그럴까? 인원이 적은 중소기업의 경우 실제로 직원 한 명이 처리해야 하는 업무의 종류가 많다. 인원이 적기에 당연히 많을 수밖에 없다. 하지만 책임지는 업무의 종류가 많은 것과 그냥 이런저런 업무가 많은 것은 큰 차이가 있다. 책임지는 업무가 많은 사람은 바쁘더라도 그 업무가 모두 마무리되면 그다음에 내가 해야 할 일이 무엇인지 정확히 알고 있다. 하지만 그냥 이런저런 업무가 많은 경우는 바쁜 업무들이 끝나고 나면 자신의 역할을 잃어버리는 경우가 많다. 누군가가 또다시 업무를 지정해 줘야 역할을 하는 것이다. 중소기업에 입사한 직원들이 이러한 상황을 겪은 후 '이 회사는 시스템이 없어. 완전 중구난방이야!'라고 말하는 이유가 바로 이 때문이다.

시스템은 처리할 일에 대해 자동으로 조직화를 시키는 것이라고 말했다. 따라서 인원이 적더라도 적은 인원들이 해야 할 업무들을 명확히 나눠야 시스템이 시작된다. 적은 인원으로 시스템을 만들지 못하는 사람이 인원이 많아졌다고 시스템을 만들 수 있을까? 사람이 더 많아졌기 때문에 업무 역할을 나누는 게 더 쉬울 거로 생각한다면 큰 오산이다. 적은 인원일 때 나눴던 시스템을 바탕으로 조직이 확장해가며 직원을 충원하는 게 이상적인 확장이지, 중구난방의 시스템에서 갑자기 사람을 충원해 그제야 시스템을 만든다며 역할을 나누는 것은 분명 업무적 비효율을 가지고 오게 되어 있다. 업무의 증가량에 맞춰 효율적으로 확장을 하는 게 아니라, 확장해놓고 그제야 필요해 보이는 부분에 인력을 배치하기 때문이다. 이는 반드시 불필요한 곳에 인원을 배치하거나, 겹치는 부분을 보지 못해 낭비되는 경우가 생긴다.

인원이 적다고 우리에게 시스템이 필요하지 않다는 말은 이제 하지 말아야 한다. 기업을 탄탄하게 확장하기 위해서, 도중에 와르르 무너지는 기업이 되지 않기 위해서는 지금부터 관리적으로, 업무적으로 작은 시스템을 만들어가야 한다.

02

'오너리스크'를 없애는 게 시스템화다

지금 책을 읽고 있는 사장님이 기업을 매수하는 입장이라고 가정해보자. 사용 가능한 자금은 200억 원이 있고, 이 한도 내에서 회사를 인수하려 한다. 다른 사람들의 인수 소식을 접했을 때는 그냥 관심을 두는 정도였겠지만, 내가 경영할 회사를 인수한다고 생각하면 입장이 달라진다. 같은 부분을 보더라도 인수 후 도움이 되는 부분인지, 아니면 좋지 않은 부분일지 세세하게 생각하게 된다. 매출은 얼마인지, 이익률은 얼마인지, 직원 수, 주력 아이템, 시장에서의 영향력, 영업부의 영향력, 미래 성장성 등등 다양한 부분을 꼼꼼하게 따져볼 것이다.

이렇게 내가 원하는 분야의 회사를 두루 알아보고 최종적으로 A와 B, 2개의 회사를 놓고 선택해야 하는 상황이 왔다. 두 회사를 따져보니 매출이나 이익률, 시장에서의 영향력, 직원 수 등 비슷한 부분들이 많았다. 그런데 판매 프로세스와 영업 방식 부분에서 차이가 있었다. A는 사장을 중심으로 영업을 진행하고 있고, 영업부는 존재는 하지만, 거래처 영업 업무보다는 영업하는 사장의 비서 역할을 할 때가 더 많았다. 판매 프로세스도 우리만의 시스템을 구축하는 게 아닌, 오랫동안 좋은 관계를 유지해온 거래처 중심으로 사장이 영업하고, 알음알음 소개로 거래처를 늘려가는 방식이었다. 그에 비해 B의 경우는 사장 중심의 영업이 아닌, 영업 부서를 신설해 소규모지만 영업 사원 중심으로 거래처를 관리하고 있었다. 그전까지 B도 A처럼 사장 중심의 영업을 진행했지만, 영업부를 신설하면서 사장의 방문 횟수는 줄이고, 현장에서 활동하는 영업 사원들에게 협상권과 결정권에 관련된 힘을 실어줬다. 판매 프로세스 또한 B2B 영업뿐만 아니라 B2C 판로 개척을 위해 온·오프라인 홍보를 테스트하며 고객의 니즈를 찾았다.

만약 이러한 상황이라면 A와 B 중 어떤 거래처를 인수 대상처로 선택할 것인가? 물론 사람마다 기준이 다르겠지만, 대부분은 B거래처를 선택할 것이다. 왜 그럴까? 비슷한 규모를 거쳐 확장하고, 시스템을 구축해본 기업주들은 A의 상황을 보고 예상 가능한 부분이 있을 것이다. 만약 A를 인수하면 기존에 영업과 경영을 총괄하던 사장이 은퇴할 가능성이 크다. 인수 후 일정 기간 업무를 지원하는 옵션을 넣을 수도 있겠지만, 결국에 사장이 은퇴하면 유대 관계로 인해 맺어졌던 거래처들이 이탈할 가능성이 크다. A회사의 만족스러운 시스템 안에서 사장과 높은 유대 관계가 맺어진 형태라면, 사장이 은퇴하더라도 회사의 시스템을 그대로 적용해 거래처들을 유지할 가능성이 있지만, 그러한 형태가 아닌 사장 중심의 영업으로 인한 거래처 관계는 장담할 수가 없게 된다. 인수 후 거래처가 얼마나 이탈할지 모르는 A의 경우 매각이 될 가능성도 적지만, 된다고 하더라도 영업력이나 판매에 관련된 가치를 인정받지 못할 가능성이 크다. 평가되는 가치도 비슷한 규모의 기업에 비해 많이 낮아질 수밖에 없고, 대부분 보유한 자산을 기반으로 기업가치를 평가받을 것이다.

반면 B의 경우 사장이 은퇴하더라도 거래처 이탈이 크지 않을 가능성이 크다. 사장의 유대 중심 영업에서 회사의 거래 방식 틀과 영업 사원 중심으로 영업 방식이 변경됐기 때문이다. 인수 후에도 기존의 방식대로 업무를 이어갈 수 있으므로 거래처와 관련해서 큰 타격은 없을 가능성이 크다. 물론 B의 경우 영업 사원의 영향력이 커질수록 경쟁사로 이직하며 거래처를 함께 가지고 이직하는 위험성이 존재할 수 있다. 이러한 상황은 보통 회사의 판매 시스템이 갖춰져 있지 않고, 특정 영업사원에 크게 의지하는 형태일 경우 자주 발생하며, 회사에 속해 있으면서 느끼는 자부심, 자기계발의 만족도, 급여, 인센티브의 만족도 등의 요소들이 영향을 미친다. 이러한 부분은 C.B.T를 구축하고 큰 틀 안에서 영업 사원들이 활동할 수 있게 만들면 해결할 수 있다. 영업 사원의 활동도 중요하지만, 회사의 시스템을 가장 크게 생각하고 거래하는 방식을 만들수록 이탈은 적을 수밖에 없기 때문이다. 이렇게 B의 방식처럼 작게라도 조직이 구성된 경우 인수 후 조직을 확장하기 쉽다. 기업 내에서 조직 구성과 각각의 역할에 대한 개념이 자리 잡고 있을 가능성이 있고, 내근부서도 직원별로 역할과 협업의 형태가 갖춰져 있을 가능성이 크기 때문이다. 물론 이러한 부분들도 평가와 개별적 상담을 통해 알아봐야 할 부분이다.

A와 B의 차이가 '오너리스크'다

앞서 A와 B의 상황을 비교해볼 때 비슷한 금액이라면 누구나 B를 선호할 것이라고 했다. 누가 보더라도 A보다는 B가 조금 더 시스템이 갖춰져 있고, 인수 후에도 비슷한 상황을 유지할 것이라고 판단했기 때문이다. 바로 이 부분이 오너리스크 부분인데, 흔히들 '오너리스크'라고 하면, 기업주의 횡령, 배임, 갑질 문제 등 사회적으로 불미스러운 사건들로 인해 기업가치에 피해를 주는 일을 생각한다. 물론 틀린 말은 아니지만, 필자가 주장하는 오너리스크는 조금 다르다. 중소기업 인수합병, 중소기업의 가치평가에 있어 오너리스크는 사장이 은퇴했을 때 그 회사의 가치를 얼마나 평가 절하시킬 수 있는지를 말하는 것이다. 오너의 사회적, 개인적 문제가 발생하지 않아도, 예시에서 설명한 거래이탈처럼 인수 후 오너가 은퇴했을 때 기업의 매출, 직원 수, 수익 등에 영향을 주어 기업가치를 하락시킬 수 있다면, 그 기업에는 오너리스크가 존재하는 것이다. 우리가 C.B.T를 구축하면서 영업 조직을 구축하고, 수익을 증대시키면서 인사팀, 행정관리팀 등 여러 조직을 구축해나가는 것은 회사를 시스템화시켜서 오너리스크를 줄이기 위함이다. 기업이 더 높은 가치로 평가받기 위해서는 단순히 돈을 많이 번다고 해결되는 것이 아니다. 돈을 많이 버는 기업이 되는 것은 기본이고, 돈을 버는 시스템을 갖춰 확장할 수 있는 상태를 갖추는 게 중요하다. 그렇게 만들기 위해서 조직 구축, 시스템 구축, 기업주의 역할 분담이 중요한 것이다.

사장은 사장만이 할 수 있는 업무가 따로 있다. 당연히 처음에 인력이 부족하고 자신이 업무 대부분을 책임지고 해야 할 때는 모든 업무에 관여해서 열심히 하는 게 맞다. 하지만 회사가 자리를 잡은 상황에서도 그 방식을 고수한다면, 성장에 한계가 있음을 이제는 확실히 깨달았을 것이다. 당연히 사장이 처음부터 일을 진행하고 오랫동안 해봤기 때문에 회사의 체계에 대해서는 누구보다 잘 알고 있을 것이다. 하지만 지금의 매출에서 10배 넘는 매출로 성장시키는 게 목표라면, 사장이 지금보다 10배, 20배 열심히 한다고 그게 가능할까? 또, 영업도 10배 열심히 하고, 내근부서 업무도 10배 더 열심히 하고, 경영도 10배 열심히 한다면 가능할까? 10배는커녕 2배를 달성하기도 어려울 것이다. 직원을 채용해서 조직을 구축하면서 사장이 맡아왔던 업무들을 조금씩 이관시켜 직원들에게 확실한 업무 역할과 목표를 부여하고, 사장은 조금씩 먼발치에서 회사를 보며 부족한 부분을 어떻게 보완할지, 지금의 프로세스, 시스템에서 어떤 부분을 보완해야 더 발전할지를 고민해야 한다.

우리가 흔히들 생각하는 것처럼 회사가 알아서 돌아가는 것이 시스템화가 아니다. 스스로 돌아가더라도 그 속에서 오너의 역할이 어떻게 되고 있는지가 중요하다. 조직이 커져도 오너의 힘이 부서의 말단까지 전달되는 상황이라면, 이는 오너리스크가 존재할 가능성이 크다. 외형적으로는 성장했을지 몰라도 내부적으로는 직원 수만 증가하고, 이전과 똑같은 체계일 것이기 때문이다.

외형적으로, 내부적으로 성장할수록 오너리스크를 줄이는 방향으로 체계를 잡아야 한다. 그렇지 않으면 언제 무너져도 이상하지 않을 비정상적인 체계를 갖추게 될 것이다.

03

고평가로 가기 위한
시스템화

　오너리스크를 줄이는 것과 조직을 구축하는 것이 중소기업이 시스템을 갖춰 가치를 올릴 방법인 것은 이해가 됐을 것이다. 그런데 막상 이러한 전략을 듣고 실행해 옮겼을 때 생각보다 성과가 나지 않는 경우가 많다. 오히려 조직을 구축하다 보니 역으로 회사의 상황이 좋지 않게 되어 조직을 다시 축소하는 경우도 많다. 미래를 보는 투자라고 생각하고 일시적인 적자를 감수하려는 사람들도 있지만, 이게 정말 일시적인지, 아니면 근본적인 문제가 있는 것인지 제대로 파악해볼 필요가 있다.

　조직을 구축해 나가고, 조직의 수와 규모가 확장되면서 각각의 역할들이 분명해지고, 사장의 역할은 경영을 전담하는 진짜 사장의 역할이 됐을 때 시스템을 갖추게 된다고 말했다. 그리고 이러한 조직을 구축할 수 있는 수단이 C.B.T 구축과 영업 조직, 마케팅 조직을 바탕으로 수익을 늘리는 것이었다. 그렇다면 조직을 늘려가는 시도를 했지만 생각처럼 수익이 늘지 않거나, 항상 어느 정도 규모에서 자꾸 무너지는 경험을 하는 회사라면 앞서 말한 과정들을 역으로 생각해볼 필요가 있다. 우리가 조직을 구축해 나갈 수 있는 이유를 제대로 봐야 한다는 말이다.

　매출 규모와 직원 수가 계속 일정했고, 영업 방식과 전반적인 회사 운영에 사장이 모두 관여하고 있는 기업 운영 방식에서 가장 먼저 해결책을 찾은 것은 거래처 분류와 C.B.T 구축이었다. 그리고 C.B.T를 단단하고 완성도 있게 만들기 위해 작게라도 영업 조직 구축을 시도했다. 여기서 중요한 것은 집중할 거래처를 기반으로 활동을 늘려가며 수익성을 늘려갔고, 이 수익을 바탕으로 조직에 필요한 인원을 충원하거나 새로운 조직을 구축할 비용을 충당하는 것이었다. 그래서 다시 그 직원이 수익을 낼 수 있는 역할을 하고, 그 수익으로 다시 회사의 성장을 불러오는 선순환 구조를 가져와야 한다고 했다. 그렇다면 우리가 조직 구축을 시도했을 때는 가능한 수익이 나는 형태가 계속 이어져야 한다. 일시적으로도 적자가 나는 형태가 아니라 수익을 계속 발생시키면서 조직을 더해가는 방향으로 가야 한다는 것이다. 만약 회사의 유보금이 넉넉해 한 번에 많은 조직을 늘리려 시도를 한다면 일정 기간은 수익이 크게 발생하지 않아도 유지하는 데 문제가 없을 것이다. 하지만 이러한 상황은 C.B.T와 영업 조직 구축의 입장에서는 옳지 않은 방식이다. 조직을 한 번에 크게 구축할 수 있는 여력이 있는 것은 큰 장점이지만, 이를 제대로 된 시기에 사용하지 못한다면 어차피 낭비하는 돈이 될 수밖에 없기 때문이다.

C.B.T와 영업 틀을 제대로 갖춰야 한다

그러면 제대로 된 시기는 언제일까? 제대로 된 시기란 특정한 시기가 정해져 있는 게 아니다. 바로 C.B.T와 그에 따른 영업의 틀이 제대로 갖춰져 있을 때가 제대로 된 시기다. 우리의 특징을 찾고, 우리만의 거래 방식, VIP 거래처일수록 양측 모두에 이득이 커질 수 있는 구조를 만들고, 그 틀 안에서 영업 사원들이 본인의 역량을 펼칠 수 있는 구조가 만들어졌을 때가 제대로 된 시기라는 것이다. 즉, 이러한 구조가 만들어졌다면 당연히 조직이 크든, 작든 수익이 발생하는 구조여야 한다. 갑자기 조직을 확 늘렸다고 일시적으로 적자가 발생하는 일은 없어야 한다는 것이다.

기초를 제대로 쌓지 않고 빠르게 높이를 올리다 어느 순간 기울어 무너지는 경우가 있다. C.B.T를 구축하고 이를 바탕으로 영업의 틀을 만드는 것은 회사의 거래 방식 변화, 나아가 회사 시스템의 변화를 주는 것에 대한 기초를 다지는 일이다. 당연히 이전에 하던 방식과 다르므로 변화에 따른 시간이 소요될 것이고, 그 과정에서 부침이 따를 것이다. 거래처와의 마찰이 생길 수도 있고, 직원들의 공감을 얻고, 행동하게 만들기까지 많은 시간이 소모될 수도 있다. 또한, 중간중간 반드시 크고 작은 문제들이 생기기 마련이다. 하지만 이러한 문제들이 발생하는 것은 겪어보지 못했던 경험 속에서 생기는 자연스러운 현상일 뿐이다. 오히려 그러한 문제들은 해결하는 과정을 통해서 시스템을 보완할 기회를 주는 경우가 훨씬 많다. 그러나 이러한 기초적인 부분을 빠르게 넘기기 위해 대충 진행했을 때는 성과가 나지 않는 경우가 대부분이다. 역으로 과정들을 되돌려 봤을 때 잘못하고 있는 부분은 대부분 기초에 해당하는 부분이 많을 것이고, 그 부분은 C.B.T 구축 또는 영업 조직을 구축하는 단계일 가능성이 크다. 그중에서도 영업 조직을 구축하고 운영하는 단계에서 문제가 많이 발생하는데, 그 이유는 영업 조직을 관리하는 방식이 지금까지 해오던 방식과 크게 달라지지 않기 때문이다. 중소기업의 경우 직원을 채용했을 때 업무에 필요한 교육을 충분히 진행하지 못하는 경우가 대부분이다. 대기업처럼 1~2달 연수원 과정을 지원하면서 실무적인 부분을 훈련하는 과정이 없는 곳이 많고, 그럴 수 있는 여건도 되지 않기 때문이다. 그렇기에 가장 기본적인 사항들만 빠르게 교육하고, 맨땅에서 시작하듯 영업을 하는 경우가 많다. 관리 또한 직원을 도맡아 체계적으로 관리해줄 사람이 없는 경우가 많아 타 부서 업무를 보는 관리자급이 함께 관리하는 예도 있고, 사장이 직접 관리하는 상황도 많다. 신입이라면 당연히 어리둥절할 수밖에 없는 상황이 자주 발생하고, 그렇게 버티지 못하고 금방 퇴사하는 경우가 많다. 그렇기에 중소기업에서 영업부 직원을 채용할 때 경력직을 선호하는 경우가 많다.

영업 조직 전략은 3S로 정리하라

그렇다면 어떻게 해야 영업 조직을 효율적으로 운영하며, 수익이 나는 방향으로 만들 수 있을까?

더 이상 영업 전략을 논할 때 개인적인 경험이 세상 모든 경험인 것처럼 전수해서는 안 된다. 참고사항이 될 순 있어도 그 방법이 주요 전략으로 사용되기에는 너무나 단편적이기 때문이다.

영업 조직을 구축하고 틀을 만들 때는 3S 전략으로 정리해 계속 관리해야 한다.

3S

Standardize(표준화하라, 영업 방식을)

Simplify(단순화하라, 전략을)

Strengthen(강화시켜라, 양에서 질적 변화로)

'Standardize', 업무에 있어 표준화, 매뉴얼을 만드는 것은 장단점이 있다. 생산 과정처럼 오차가 발생하면 안 되는 업무에서는 표준화, 매뉴얼화가 필수적이다. 초기 단계에서 위치를 잘못 넣은 나사 하나 때문에 중반 과정에서 자동차 조립을 다시 해야 하는 경우가 생길 수 있기 때문이다. 하지만 내근부서 업무나 영업부 등 상황에 따라 자율적인 사고와 결단이 필요한 경우에 지나친 매뉴얼은 유연한 사고를 막을 수 있다. 그렇기에 이 둘을 적절히 조율한 표준화, 매뉴얼화가 필요하다.

영업 방식에서도 기본적인 표준화가 필요하다. 어떤 타깃에, 어떤 내용을 전달해야 하는지, 회사에서 진행하고 있는 거래처 관리 방식은 어떻게 되는지, 거래처로부터 불만이 접수됐을 때 피드백을 처리하는 과정은 어떻게 되는지 등 영업 활동에서 생길 수 있는 일들에 대해서는 기본적인 표준화가 되어 있어야 한다. 거래처를 만나는 시간, 만나서 대화하는 방식, 말투, 내용 등 다양한 부분에서는 영업부의 개인적인 역량에 맡기고, 주기적인 성과 공유나 교육을 통해 보완해 나가야 하지만, 기본적인 영업 방식은 표준화가 되어야 한다. 그렇지 않다면 이 과정에서 타 부서와의 연계되는 내용이 있을 시 제대로 전달되지 않을 가능성이 크고, 작은 오차가 생긴 것처럼 문제들이 쌓여 큰 문제가 됐을 때 손쓸 수 없는 일이 생길 수도 있다.

'Simplify', 전략을 단순화하라는 말은 거래처에 제안하는 거래 방식이 영업부에서 통일이 되어야 한다는 말이다. 사장님들과 영업부 직원들에게 전략이 무엇이냐고 물어보면 가장 많이 나오는 답이 '가격과 인맥'이다. 중소기업의 경우 제품의 종류가 한정적인 경우가 많고, 거래처도 연고지역 위주로 형성되어 있어서 당연한 말이지만, 가격과 인맥은 한계가 있기 마련이다. 더 이상 가격을 낮출 상황이 되지 않고, 인맥을 통한 영업이 힘들어질 때 무너지는 것은 순간이기 때문이다. 전략을 단순화하라는 것은 회사 주도적인 영업의 틀이 존재하는 것을 말하는데, 이는 앞서 말한 C.B.T를 통해서 구축이 가능하다. 거래처를 분류하고 각기 다른 전략을 애초에 제시하기로 정해 놓고 활동하는 것처럼 영업부 직원들이 어디에는 어떤 전략을 써야 한다는 걸 모두 알고 있다는 것이다.

'Strengthen', 마지막으로 양에서 질적 변화로 옮기는 전략을 취해야 한다. 초기에 기반이 없고, 최대한 거래처를 많이 모아야 하는 상황이라면 당연히 거래처의 양을 늘리는 활동을 많이 할 것이다. 하지만 거래처가 늘어나다 보면 한정된 인원으로 관리가 쉽지 않음을 느끼게 될 것이고, 그 과정에서 거래처를 선별하게 된다. 여기서 VIP 거래처로 성장하는 곳이 있는 한편, 관리에 소홀함을 느낀 중간 거래처들이 떠나는 일이 발생하기도 한다. 양에서 질적 변화 전략을 하기에 앞서 우리의 현재 상황을 먼저 볼 필요가 있다. 이제 막 사업을 시작하는 기업이라면 당연히 양을 늘리기 위한 영업 활동이 선행되어야 한다. 하지만 그렇지 않은 기업이라면 기존의 기업들을 분류해야 한다. 우리가 수익분석을 통해 거래처를 분류하는 것처럼 말이다. 그리고 집중할 거래처에 특화된 서비스를 제공하며 거래처의 질을 높여가야 한다. 무작정 거래처를 늘리는 전략보다는 집중 거래처를 우리의 '광팬'으로 만들고, 조직의 규모에 맞게 거래처의 양을 늘려가야 한다는 것이다.

영업 조직을 구축해야 한다는 말을 듣고 무조건 영업 사원을 늘리는 것은 지금까지 주먹구구식으로 영업해오던 방식을 더 크게 반복하는 것과 같다. C.B.T 구축과 영업 조직을 제대로 구축하는 것은 고평가로 가는 시스템의 기초이기 때문에 대충 이렇게 하면 되겠지, 하는 생각은 금물이다. 지금까지 해오던 방식에는 어떤 문제가 있었는지, C.B.T를 구축할 때는 진정 고객의 니즈가 무엇인지, 영업 조직을 구축할 때는 한 명을 늘리더라도 당장 수익에 도움을 줄 수 있는 구조를 만들어 놓았는지를 파악해야 한다. 그렇지 않으면 시스템이 완성되기 전에 매번 제자리로 돌아올 가능성이 크다.

04

시스템화의 핵심은 C.B.T와 사람이다

　회사가 성장하고 시스템화가 완성되기 위해서 중요한 게 무엇일까? C.B.T 구축과 영업 조직을 구축하는 게 가장 중요한 과정인데, 이 과정들을 성공시키는 것은 누구인가?

　무슨 일이든 결국에는 사람이 진행하는 일이고, 그 열정과 능력에 따라 결과가 달라진다. 그렇다면 우리 회사에 열정을 가지고, 우리가 원하는 가치에 맞는 사람이 직원으로 오기 위해서 어떻게 해야 할지 고민해볼 필요가 있다. 아무리 좋은 시스템을 구축하고 있어도 직원 한 명 때문에 시스템이 무너지는 경우가 생길 수 있기 때문이다.

C.B.T를 만드는 것은 직원에게
방향을 제시하기 위해서다

C.B.T가 시스템화의 핵심 중 하나라고 하는 것은 단순하게 우리만의 특징을 만드는 것 이상으로 중요하기 때문이다. 우리만의 장점을 알아내고 특화시킨다는 것은 우리가 어떤 일을 잘할 수 있는지 아는 것이다. 그 말은 우리 회사에 속한 직원들도 어떤 일을 해야 할지 명확하게 알고 있을 가능성이 크다는 것을 말한다. 큰 틀은 인지하고 있겠지만 세세한 부분은 모를 수 있기에 그 부분을 사장과 관리자가 조율을 해주면 되는 것이다. 상황에 따라 회사의 판매 아이템을 수시로 변경하는 회사들이 많이 있다. 유행처럼 번지는 제품이 나오면 '저게 돈이 되는 것 같은데 우리도 잠깐 판매를 해볼까?'라고 생각하기 때문이다. 물론 돈을 버는 제품도 있을 것이고, 손실을 본 제품도 생기기 마련이다.

하지만 문제는 이 과정에서 직원들이 겪는 혼란이다. 입사 당시 자신이 맡았던 업무의 범위가 있을 테지만, 자꾸 바뀌는 프로젝트 속에서 그 역할도 매번 조금씩 바뀌기 때문이다. 물론 비교적 규모가 작은 기업일수록 다양한 업무를 지원하는 형태로 근무하는 것은 충분히 있을 수 있는 일이다. 직원들도 그 점을 충분히 인지하고 입사한다면, 그러한 상황이 왔을 때 공감하고 업무를 진행할 것이다. 그런데 오히려 이러한 업무의 비중이 더 커지면서 자신의 본래 업무가 점점 사라지는 경우가 오면 직원들은 혼란을 겪게 된다. '이 회사에 내가 왜 필요한가? 내가 하려던 업무는 무엇인가? 내 커리어에 도움이 되는 일이 맞을까?'

등등 업무와 회사의 방향성에 대한 의구심을 품게 되고, 이러한 상황이 반복될수록 고민이 깊어서 퇴사하는 경우가 많아진다.

C.B.T 구축을 통해 직원에게 방향을 제시하는 것은 이러한 역할의 혼란을 주지 않고 그 속에서 직원이 성장하고, 스스로 중요한 역할을 하고 있음을 느끼게 해준다. 우리 회사는 이러한 특징이 있고, 이러한 시스템으로 거래처를 관리한다는 게 갖춰져 있다면, 그 속에서 직원들이 맡을 역할들이 명확하게 정해질 수 있기 때문이다. 물론 마케팅 담당 직원이 제품 주문이 많아 생산 부서에 잠시 지원을 해주는 일이 있을 수 있겠지만, 이는 어디까지나 직원이 생각하기에도 이해가 가능한 정도의 지원이다. 본래의 업무가 있고, 그 업무가 주된 업무이기 때문이다. 직원마다 이러한 업무의 명확성이 사라진다면 직원 대부분이 지금 하는 일을 끝내면 다음에는 무슨 일을 해야 할지 모른다. 사장의 지시를 기다릴 수밖에 없고, 그 과정에서 다른 업무를 전전할 가능성이 크다. 겉으로 보기에는 올라운드 플레이어처럼 다양한 업무를 처리할 수 있는 사람처럼 보이지만, 사실은 회사가 그 직원의 능력을 죽이는 것이다.

틀이 완성되면 맞는 사람이 오게 되어 있다

중소기업 사장님들의 입장에서 직원 채용에 관해 물어보면 좋은 사람을 찾기 힘들다는 의견이 많다. 막상 업무를 시키면 기대만큼 처리하지 못하는 사람도 많고, 얼마 못 가 퇴사하는 사람들이 많기에 업무의 연속성이 떨어진다는 것이다. 게다가 다시 직원을 채용해야 하는데, 이마저 쉽지가 않으니 기존 직원들이 더 바빠질 수밖에 없다고 말한다. 하지만 지원자 입장에서 회사를 바라볼 때는 이유가 사뭇 다르다. 중소기업이라고 무조건 좋지 않은 인식을 갖는 것은 아니지만, 막상 입사해 보면 안 좋은 인식이 생길 수밖에 없다는 것이다. 채용 시 이야기했던 업무와는 다르게 회사 전체가 주먹구구식으로 운영하는 것처럼 느껴질 때가 많고, 그로 인해 나의 역할이 항상 불분명한 경우가 많다. 또한, 업무 처리에서도 제대로 알려줄 사수가 없는 경우가 많고, 매뉴얼이 존재하지도 않아 업무 대부분을 처음부터 부딪혀가며 배워야 한다는 것이다. 굳이 힘을 들여 돌아가지 않아도 될 일을 매번 반복하는 것이다.

그렇다고 급여가 높거나 복지가 좋은 상황도 아니다. 본인도 무엇을 할지 모르는 상황인데 누가 알려주는 사람도 없고, 그에 대한 보수도 만족할 정도가 아니라는 것이다. 당연히 이러한 상황이 지속하면 더 나은 기업을 찾기 위해 퇴사하는 경우가 대부분이다. 그런데 이러한 기업주와 직원의 간극은 회사가 조금만 변해도 나아질 수 있다. 우리 회사에 좋은 사람이 오길 바라는 마음은 누구나 같을 것이다. 또한, 직원 입장에서도 좋은 회사에 들어가길 바라는 마음은 누구나 같다. 그렇다면 회사는 그것에 맞게 좋은 상황을 만드는 게 급선무다. 업무, 급여, 복지, 워라밸 등 입사에서 다양한 요소들이 결정에 영향을 주겠지만, 기본적으로 직원은 그 회사가 좋은 회사인지, 자부심을 느낄 수 있는 회사인지, 성장성이 있는 회사인지를 먼저 판단한다. 그렇다고 업무나 급여,

복지, 워라밸 등을 생각하지 않는다는 것이 아니다. 기본적으로 본인에게 다가오는 회사의 이미지가 긍정적일수록 다른 요소들을 고려해본다는 것이다. 즉, 회사에 대한 이미지가 좋지 않으면 고려해볼 대상조차 될 수 없을 가능성이 커진다는 것이다. 따라서 회사가 C.B.T를 구축하고, 우리만의 거래 방식, 틀을 만들고, 그 안에서 향후 어떻게 성장해 나갈 것인가를 어필하는 게 중요하다. 지원자 입장에서도 회사의 명확한 비전과 업무에 대한 목표가 보일 때 내가 그 속에서 어떤 일을 할 수 있을지, 나중에 어떤 모습이 될지를 상상할 수 있기 때문이다.

PART 03

매각이 목표인
사장님이
지금부터
해야 할 일

Chapter

01

아는 만큼 보이는 게 아니다.
알려고 하는 만큼 보인다!

01

한계를 없애는 게
우선이다

우리는 종종 지금과는 다른 결과를 내기 위해 변화해야 함을 느낄 때가 있다. 다이어트를 위해서 식단 조절을 하고, 꾸준히 운동해야 하며, 아침형 인간이 되기 위해서는 이전보다 잠자리에 일찍 들고, 그에 맞는 컨디션 조절을 해야 한다. 마찬가지로 사업에서도 지금의 상황이 마음에 들지 않아 회사를 성장시키고 싶은 마음이 든다면 그것에 맞게 행동에 변화를 줘야 한다.

하지만 우리는 작심삼일이 무색할 정도 빠른 포기를 매번 겪으며 변화를 두려워하는 사람이 됐다. 아주 작은 생각의 변화도 어렵게 느껴지고, 큰 목표를 들을수록 '내가 정말 할 수 있을까? 그건 안 될 것 같은데?'라는 한계를 무의식중에 계속 되뇌고 있다. 지금보다 매출을 2배 성장시키고 싶은 마음이 들 때 어떻게 하면 달성할 수 있을까 하는 해결책을 찾기보다, 꿈같은 이야기라며 이내 한계를 만들고 다시 현재 상황으로 돌아간다. 생각부터 애초에 안 될 것이라고 한계를 짓고 생각하기 때문이다. 이러한 생각의 변화를 위해서는 우선 자신의 현재 상황을 객관적으로 바라보고, 문제점을 스스로 느껴야 하는데, 그동안 너무나 쌓인 부정적인 생각들로 문제들을 보기 싫어한다. 자신이 만들어온 문제들을 마주하면 스스로에 대한 실망감, 부끄러움 등을 감당하기 힘들고, 지금까지 자신이 해왔던 노력 모두 부정당하는 상황이 생기기 때문이다. 그렇게 스스로 인정하지 않다 보면 한계와 고정관념이 더욱 커지게 되고, 회사를 경영할 때, 직원을 대할 때, 거래처를 대할 때 등 환경 속에서 부정적인 영향력을 끼치게 된다. 한계와 고정관념을 없애는 것이 매우 어렵게 느껴진다. 특히 생각의 변화가 행동으로 나오는 것은 더욱 힘들어한다. 하지면 중요한 것은 생각의 변화가 됐든, 행동의 변화가 됐든 어렵기 때문이 아니라 내가 하려고 하지 않기 때문이다. 하려고 하지 않을수록 하지 않을 이유를 더 찾게 되고, 이유가 쌓일수록 변화는 더욱 어려워지기 마련이다.

멘토의 가르침

고정관념에 관한 이야기를 떠올리면 필자가 멘토에게 들은 개구리 장난감 이야기가 생각난다. 시장이나 길거리, 휴게소 등에서 태엽을 감으면 세발자전거를 탄 개구리가 움직이는 장난감을 본 적 있을 것이다. 보통 노점에서 많이 판매되는 이 개구리 장난감은 개당 1만 원 정도로 판매된다. 이때 멘토가 물었다.

"외상으로 원가 1,000원에 이 장난감을 가져올 기회가 생긴다면, 개구리 장난감을 팔아 1년 동안 얼마를 벌 수 있을까요?"

필자와 다른 사장님들도 함께 멘토의 질문을 듣고 답을 하기 시작했다. 1년간 2,000만 원, 3,000만 원, 5,000만 원, 1억 원 등 다양한 답이 나왔다. 필자도 처음에는 노점 형태로 팔게 되면 하루에 10~15만 원 정도 벌 수 있지 않을까 하는 생각에 연 5,000만 원 정도는 벌 수 있을 것 같다고 말했다. 그러자 멘토가 다시 질문했다. 나온 답변 중에 1억 원이라는 답변이 나왔기에 그것을 기준으로 생각해보자는 것이었다. 이 개구리 장난감을 팔아 1년에 1억 원 이상을 벌기 위해서는 한 달에 1,000만 원 정도를 벌어야 한다는 말인데, 그렇다면 하루 평균 30만 원 이상 어떤 상황이 와도 매일매일 팔아야 한다는 말이고, 그렇게 하실 수 있냐는 질문이었다. 아무리 원가가 1,000원이고 판매가가 1만 원이라고 해도 매일 30만 원 이상을 벌기 위해서는 30개~40개를 꾸준히 판매해야 하는 것인데, 막상 생각해보니 현실적으로 힘들 것 같다는 생각이 들었다. 다른 사장님들도 비슷한 생각이었는지 처음 질문을 듣고 답했던 금액보다 더 적은 금액을 말하기 시작했다.

멘토가 다시 이야기를 시작했다. 남대문에서 유통업을 하다 망한 사장이 이 개구리 장난감을 팔게 된 이야기였다. 수중에 남은 것은 개구리 장난감 하나뿐이었고, 몇억 원이 넘는 빚이 있는 상황이었다. 이 장난감들을 팔아 상황을 해결해야 하기에 일단은 노점에서 판매를 시도했지만, 새벽부터 저녁까지 일해도 하루에 판매할 수 있는 양이 한계가 있었다. 그래서 개구리 장난감을 어떻게 하면 빠르게, 많이 팔 수 있을지를 고민했다고 한다. 그 결과 대신 판매를 해줄 사람들을 모으기 시작했는데, 우선 봉고차를 소유한 운송업자들을 판매팀장으로 모으기 시작했다. 그리고 그들과 6,000원의 가격으로 위탁 거래를 맺고 개구리 장난감 판매를 맡겼다. 각각 판매팀장들은 경로당과 노인들이 많이 모이는 곳을 찾아다니며 열 명씩 이 장난감을 팔아 줄 사람들을 모으기 시작했다. 노인들은 하루에 10개라는 할당량이 있었고, 10개를 모두 팔았을 때 일정 보수를 받기로 했다. 누구나 그렇듯 처음에는 이게 될까 하는 의심을 했다고 한다. 그런데 막상 판매가 시작되자 할아버지들은 할당량을 순조롭게 판매하기 시작했다. 할아버지와 판매팀장들도 이익이 나기 시작하자 더 판매에 열을 올릴 수 있었다. 그렇게 하루 2,000개 가까운 개구리 장난감이 팔렸고, 이 장난감에 인생을 걸 수밖에 없었던 사장은 30억 원을 벌고 1년도 안 되어 은퇴했다고 한다. 이 내용을 듣고 다시 멘토가 질문했다.

"개구리 장난감을 팔아서 1년 동안 얼마를 벌 수 있을까요?"

그러자 다양한 답변들이 나왔다. '전국 단위 네트워크를 만든다, 비슷한 방식으로 해외에 판매한다, 도매 업체를 찾는다' 등등 처음 답변을 했을 때와는 다른 방식의 답들이 많이 나왔다. 또한, 금액도 2,000만 원, 5,000만 원이 아니라 30억 원, 50억 원 등 훨씬 큰 단위의 아이디어가 나왔다.

처음 개구리 장난감에 대한 질문을 받았을 때는 평소 알고 있는 방식에서 답을 구하려고 했기에 판매라는 단편적인 시각에서 답을 내는 경우가 많았다. 아마 이때 "개구리 장난감으로 30억 원을 벌려면 어떻게 해야 할까요?"라는 질문을 듣는다면, 아이디어보다 '그게 가능할까?'라는 의심만 들었을 것이다. 하지만 유통 개념을 더한 판매 방식을 들었을 때부터 다양한 아이디어가 생각이 났다. '개구리 장난감을 내가 혼자 팔아야 한다'라는 고정관념에서 벗어나는 순간이었다.

어떤 고정관념에 사로잡혀 있다가 누군가 '툭' 건드려 줬을 때 생각의 전환이 일어나는 경험을 한 적 있을 것이다. 그렇게 고정관념에서 벗어나 새롭게 떠오른 행동과 아이디어들이 쌓이다 보면, 조금씩 우리가 한계라고 생각했던 일들이 사실은 큰일이 아님을 알게 될 것이다. 그렇게 고정관념에서 벗어나 무의식중에 나를 사로잡고 있던 부정적인 시각들이 하나씩 없어지게 되면 자연스럽게 지금보다 더 나은 행동을 하게 되고, 어느새 이전에 한계라고 생각했던 부분을 넘어서 행동하고 있는 자신을 발견하게 될 것이다. 따라서 기업이 성장하고, 꿈꾸던 목표를 이루기 위해서는 자신이 아는 것이 세상 모든 것이라는 고정관념을 버리고, 항상 더 나은 방법, 효율적인 방법을 생각하고, 찾으려고 시도해야 한다.

말도 안 되는 소리가
어느새 현실로 다가온다

알려고 하는 만큼 보인다는 것은 말도 안 되는 소리처럼 보일지 몰라도 그것을 실현할 방법을 결국에는 찾아 완성하겠다는 말과 같다. 그래서 우리에게 중요한 것은 최종적으로 이루고 싶은 큰 목표와 그것을 이루기 위해 나아가는 과정에서 생기는 문제들을 맞이하고 해결해나갈 마음의 준비다. 큰 목표를 이루고 성공을 하는 게 그저 운이 좋게 작용했을 뿐이고, 도중에 좋은 사람을 만났기에 가능했다고 치부해버리는 사람들도 많다. 그리고 그들은 성공이 노력한다고 되는 것이 아니라 운이 따라줘야 한다고 믿는다. 게다가 주변 사람들에게도 이와 같은 부정적인 영향을 퍼뜨리는 경우가 많다.

그렇기에 '성공에 공식이 있는가?'라는 물음에는 찬반이 있을 수밖에 없다. 말도 안 되는 소리는 언제까지나 말이 안 되는 허상일 뿐이라고 생각하는 사람도 있고, 말도 안 되는 소리를 말이 되게 하는 게 현실이라고 주장하는 사람들도 많다. 하지만 이유가 어떻든 우리가 원하는 것은 목표를 달성하고 성공을 하는 것이다. 그렇다면 허상이라고 주장하는 사람들, 그저 운에 맡겨야 한다고 말하는 사람들의 의견에는 집중하지 않아도 된다는 말이다.

예전에는 주로 책과 강연을 통해 성공한 사람들의 스토리를 들었다면 지금은 책과 강연뿐만 아니라 어디서든 유튜브를 통해 양질의 강연을 볼 수 있고, 적극적으로 활동한다면 그들과 영상을 통해 실시간으로 의견을 공유할 수도 있다. 성공이라는 단어가 그리 멀게만 느껴지지 않는 이유도 이 때문이다. 누구든 성공할 수 있고, 꿈을 현실로 만들 수 있다고 주장하는 사람과 그를 입증한 사람들의 스토리와 비밀이 도처에 있기 때문이다. 앞서 예시 들었던 켈리 최의 경우도 10억 원의 빚을 안고 있는 상황에서 5년 만에 수천억 원의 매출을 올리는 요식업체 '켈리델리'를 만들어냈다.

일본 최대 소프트웨어 유통회사이자 IT 투자 기업인 '소프트뱅크'를 설립한 손정의 회장도 창업 초기에 지하실에 마련한 사무실에서 아르바이트생 2명을 앞에 두고, 나무 사과 상자 위에 올라가 회사의 창립 기념사를 했다고 한다. 그리고 이때 "나는 소프트뱅크를 세계 최고의 IT 기업으로 만들 것이다. 우리의 목표는 중소기업이 아닌 일류 기업이며, 소프트뱅크는 전 세계에 이름을 날리는 기업이 될 것이다. 그리고 수십 년 이내에 매출액 조 단위의 회사로 만들겠다"라고 선언했다. 그리고 그의 선언대로 소프트뱅크를 매출액 수십조 원의 회사로 만들었다. 손정의가 미래에 대한 선언을 한 후 2명의 아르바이트생은 소프트뱅크를 그만뒀다고 한다. 자본금이 부족해 지하실에 겨우 마련한 사무실에서 나중에 조 단위 매출을 올리는 회사로 만들겠다는 말을 듣고 말도 안 되는 소리라고 생각했을 것이다.

행동은 성과를 가속화시킨다

켈리 최와 손정의 외에도 규모의 차이만 있을 뿐 원대한 목표를 이루고 성공을 한 사람들이 너무나 많다. 그리고 하나같이 이들은 성공에 관해 규정할 수는 없어도 성공을 향해 나아가는 공통된 길, 방법이 있다고 말한다. 그 방법은 바로 '행동'인데, 너무 당연한 말처럼 들리기 때문에 대부분 가볍게 듣고 넘기는 경우가 많다. 성공한 사람들이 행동을 강조하는 이유는 다른 게 아니다. 바로 지금보다 더 나은 결과를 얻기 위해서는 행동을 통한 발전이 필수적이라는 것을 알았기 때문이다. '우리 회사의 주력 제품을 어떻게 지금보다 2배 성장시킬 것인가?'라는 고민에 빠졌을 때 다양한 아이디어가 떠오를 수 있다. '원가절감을 하는 방법을 찾아볼까? 고객층을 지금보다 넓힐 방법이 없을까? 홍보를 더 해볼까? 단점으로 피드백 받은 점을 보완해서 새로운 제품을 만들어 볼까?' 등등 어떤 아이디어는 생각만 해도 왠지 일이 잘 풀릴 것 같은 느낌이 들기도 한다. 하지만 이러한 아이디어를 그대로 두기만 하고 계속해서 생각만 반복한다면 처음에 설렘을 주던 전략들도 점점 이래서 안 되고, 저래서 안 되는 핑계가 나오게 된다. 이때부터는 안 되는

100억 기업으로 만들어 M&A하라!

이유가 더 많이 생각나기 시작해 행동하지 못하게 막는다.

현재 연 매출 20억 원을 올리고 있는 회사가 어떻게 하면 연 매출 100억 원을 달성할 수 있을지 자유롭게 생각해본다면 다양한 아이디어가 나올 것이다. 마치 개구리 장난감 사례처럼 지금 우리가 진행하고 있는 방식과는 다른 전략들이 나올 수도 있다. 그런데 만약 새로운 방법을 시도하면 목표를 이룰 수 있을 것 같은 생각이 들었다고 하자. 시장성도 괜찮고 현재 기업의 상황에서 변화를 시도하는 것도 처음에는 어려움이 따르겠지만 못할 일도 아니라는 결론이 나왔다면, 그때부터는 최종 목표를 이루기 위해 당장 우리가 할 수 있는 일들을 하나씩 실행해야 다음 단계가 보인다.

처음에는 남들이 보기에 불필요한 일을 하는 것처럼 보일 수 있지만, 이는 최종 목표로 가기 위한 수많은 단계 중 하나를 진행하는 것이다. 행동하고, 그 속에서 피드백을 얻고, 이를 발판 삼아 다시 시도하는 것을 반복하게 되면 그 과정에서 목표에 대한 지식과 능력이 몇 배로 늘게 된다. 경쟁사와 비슷한 수준의 지식과 경영을 하고 있었고, 새로운 아이템에 대한 지식도 비슷한 수준이었다면, 행동과 피드백을 통해 새로운 아이템 속에서 우리가 잘할 수 있는 비교우위를 찾고, 노하우를 찾을 수 있다는 말이다. 지식과 능력이 늘고, 행동과 피드백이 더해지면 더해질수록 조금씩 나던 격차는 급격하게 벌어질 것이다. 이때는 이미 자신이 의구심을 갖던 100억 원 매출에 가까워진 순간일 가능성이 크다. 남들은 100억 원 매출을 어떻게 달성할지 아직도 전략과 고민만 생각하고 있을 때, 행동으로 목표에 다가간 사람은 어떻게 하면 500억 원, 1,000억 원 또는 그 이상으로 기업을 성장시킬 수 있을지 생각하고 있을 것이다. 그리고 다시 목표를 설정하고 행동을 할 것이다. 말도 안되는 100억 원 매출을 달성해보면서 말도 안 되는 꿈들이 더 이상 불가능이 아니라는 것을 알았기 때문이다.

03

소기업에서
보고 배울 사람은
사장뿐이다!

"확신을 가진 한 사람이 흥미를 가진 아흔아홉 사람보다 강하다."

- 존 스튜어트 밀(John Stuart Mill)

회사에 대해 가장 잘 아는 사람이 누구라고 생각하는가? 10년을 함께해온 임원일까? 일 처리가 확실하고 직원들에게 신뢰를 주는 직원일까? 아니면 오랫동안 지켜본 경쟁사일까? 회사를 누구보다 잘 아는 사람은 회사를 설립한 사장이다. 특히 규모가 작은 기업일수록 장단점을 뚜렷하게 아는 사람이 사장이다. 회사가 어느 정도 성장해 부서별 규모가 갖춰진 곳이 아니라면, 업무 진행사항에 있어 대부분 사장의 확인을 받기 때문이다. 그렇다면 이러한 상황에서 기업이 변화를 시도하려한다면 누구를 기점으로 변화를 진행해 나가야 할까? 직원 중 가장 높은 위치에 있는 임원이 해야 할까? 변화를 잘 받아들일 수 있는 비교적 젊은 직원이 앞장서 진행해야 할까? 이 또한 회사를 가장 잘 알고 어떤 결정이든 책임을 질 수 있는 사장이 주도해야 한다.

변화에 있어서는 독재자가 될 필요가 있다

흔히들 사장이 독재자처럼 경영하면 회사가 발전하지 못한다고 한다. 독재자라는 단어를 보고 떠올리는 사장의 모습은 직원과 소통보다 일방적인 통보로 일을 지시하는 게 대부분이고, 본인에게는 후하지만 직원들은 푸대접하는 모습을 생각하기 쉽기 때문이다. 이 또한 산업화의 과정에서 생긴 좋지 않은 편견이겠지만, 바로 떠오르는 이미지로는 독재자인 사장과 일하고 싶어 하는 직원은 없을 것이다.

하지만 변화를 이끌어 나갈 때는 누구보다 회사의 사정을 잘 아는 사장이 독재자가 될 필요가 있다. 모든 면에서 독재자가 되기보다 변화를 주도하는 입장에서 독재자가 되어야 한다는 말이다. 만약 C.B.T를 구축하기 위해 우리 회사의 특징을 찾는 과정에 있다고 하자. 중소기업 대표와 C.B.T 구축과 관련한 수업을 진행하고, 이를 달성할 과제를 내쳤을 때 사장이 주도하는 기업일 경우 사장이 발 벗고 나서서 자료를 수집하고 고민하는 경우가 많다. 물론 직원들이 해결해줄 수 있는 부분은 분담을 시키고, 해결하기 힘든 부분 위주로 활동을 해서 빠르게 필요한 자료를 모으고 과제를 해결해간다. 또한, 직원들에게 원래 업무 이외에 왜 추가적인 기타 업무를 지시했는지 명확하게 말해준다. 회사가 어떤 상황에 처해 있고, 앞으로 우리가 만들어갈 기업은 어떠한 모습이기 때문에 변화를 통해 기업을 성장시키려 한다는 말을 직원들이 공감할 수 있도록 설명하는 것이다. 하지만 반대의 경우는 과제를 달성하는 시간도 오래 걸릴뿐더러 사장이 내용을 절반밖에 모르는 경우가 많다. 똑같은 수업을 진행하고 과제를 내줬지만, 회사에서 해결하는 방식이 다르기 때문이다. C.B.T 구축을 위한 자료를 모으는 과정에서 직원들에게 관련 내용을 찾아보라고 지시하는 경우가 많기 때문이다.

예를 들어 거래처의 진짜 니즈를 파악해야 하는 상황이 생겼다. 거래처를 담당하는 영업 직원이 있다면 그나마 다행이겠지만, 그렇지 않은 경우는 대부분 사장이 직접 관리하는 경우가 대부분일 것이다. 이때 직원들이 사장의 지시로 거래처에 방문해 니즈를 물어본다면 어떤 답변을 얻을 것 같은가? 귀찮아하는 사장 입장에서는 A직원이 평소 주문 관련 업무 때문에 거래처와 자주 통화를 하니 그 거래처에서 내용을 파악하기 수월할 것으로 생각하는 것이다. 하지만 직원 입장에서는 평소 주문 때문에 통화를 할 뿐 그 거래처의 상황, 주문하는 이유, 우리 제품에 대한 만족도 등을 제대로 알지 못하는 경우가 더 많다. 당연히 직원들이 거래처를 직접 방문한다고 해도 의미 있는 답을 구하기는 어려울 것이다. 회사의 내부 사정뿐만 아니라 외부적인 상황, 특히 거래처와 진솔한 이야기를 나눌 수 있는 것도 사장이기에 가능한 것이다. 이럴 때 사장이 직접 거래처 대표와 미팅을 진행하고, 그 외의 업무를 직원들에게 분담해야 제대로 된 결과물이 나올 수 있다.

사장의 관여가 필요한 중요한 업무지만, 이유를 대며 직원들에게 업무를 지시할 경우 그 결과는 좋지 않을 수밖에 없다. 누구보다 업무에 대해 잘 알고 있는 사람이 사장인데, 직원들이 맡아서 처리할 경우 반드시 한 번은 '어떻게 해야 하지?'라고 고민되는 상황이 오기 때문이다. 사장에게 물어보는 직원이 있을 수도 있고, 일을 크게 만들기 싫어 대충 처리하고 말아버리는 직원도 있을 수 있다. 어떤 상황이든 그 결과는 이득을 줄 수도, 손실을 줄 수도 있다. 하지만 그 책임은 오롯이 사장의 책임이 될 것이다. 직원의 잘못된 일 처리로 큰 손실을 봐도 결국에 회사를 책임지는 것은 사장이기 때문이다.

사장의 확신이 직원에 닿아야 한다

변화 단계에 있는 기업은 사장의 주도하에 변화를 받아들이고 실행하는 것이 중요하다. 하지만 이는 어디까지나 변화된 시스템을 안착하는 역할을 할 뿐이다. 결국에 변화 후 실무처리를 하는 것은 직원들이기 때문이다. 그렇기에 직원들이 변화를 받아들이면, 그때부터 사장은 우리의 회사가 어떻게 성장할지 직원들에게 확신을 줘야 한다.

C.B.T와 영업 조직을 구축하고, 점점 회사를 키워가며, 필요한 조직들을 구축하고, 시스템을 완성해가는 과정에서 직원들이 이 모든 것을 속속들이 알 수는 없다. 구체적인 계획은 오직 사장만 알고 있기 때문이다. 따라서 회사가 변화한다는 분위기가 사장의 주도하에 제대로 안착이 됐다면, 이제는 계획과 우리의 목표를 직원들에게 세세하게 말해

줄 필요가 있다. 애초에 갑작스러운 변화 또는 그 과정조차도 직원에게 업무처럼 전달하는 경우에는 반발이 심하게 나올 가능성이 크다. 모두가 공감하지 못하고, 그 속에서 자신의 위치에 대한 위기의식을 느끼기 때문이다. 심지어는 "회사가 많이 바뀔 것 같다는데 이러다가 다 해고 당하는 거 아니야?" 같은 유언비어가 퍼지기도 한다. 이러한 상황이 발생하지 않도록 사장은 직원들에게 왜 이러한 변화를 시도하고 있는지, 우리의 목표는 어떻게 되는지 가급적 수치를 선언하며 말해야 한다. 또한, 그 안에서 현재 직원들의 역할이 어떻게 될 것인지, 향후 회사가 성장했을 때 어떤 중추적인 역할을 맡고 있을 것인지를 구체적으로 설명해줘야 한다.

'직원은 사장을 간파하는 데 일주일이 걸리지 않지만, 사장은 직원을 간파하는 데 3년이 걸린다'라는 말이 있다. 그만큼 사장은 내 직원이어서 모든 말과 행동에서 긍정적이든, 부정적이든 본연의 모습이 많이 묻어나오지만, 직원은 사장 앞에서는 본심을 보이는 경우가 드물다는 말이다. 회사의 방향성과 목표, 그에 대한 확신을 사장이 직원에게 전달한다면, 그 확신은 사장의 생각보다 더 직원들에게 빠르게 스며들 것이다.

04

원하는 인재를 끌어당기는 마법, 조직도!

100명, 200명 또는 그 이상의 기업으로 회사를 키우고 싶다면 반드시 조직도부터 다시 만들어야 한다. 우리는 회사가 나가는 방향에 맞춰, 그리고 기업의 상황에 맞게 적재적소에 인재가 필요한데, 조직도가 그 기준이 되어 줄 것이기 때문이다. 만약 제대로 된 기준이 없다면, 중소기업은 인재채용과 채용 후에 잦은 어려움을 겪을 수 있다.

전산 담당 직원이 필요해 채용 공고를 냈다고 하자. 간단한 업무 설명과 연봉, 회사의 지원 가능 복지 등을 정리해 구직 사이트에 올렸다. 그리고 몇 명이 면접을 보러 왔다. 그런데 다들 능력이 비슷해 보여 누굴 뽑아야 할지 고민이다. '이 지원자는 오래 다닐까? 몇 달 경력만 쌓고 나가려는 거 아닐까?' 등 이미 수차례 겪었던 일들이 생각나기에 한 명을 뽑아야 하는 상황에서 더욱 신중해질 수밖에 없다.

중소기업은 대규모 채용을 하는 곳이 없다. 대기업처럼 상반기, 하반기 공개채용 시스템이 아직은 필요 없는 경우가 대부분이기에 수시로 필요한 인력이 있거나, 공석이 생길 때 채용 공고를 내는 예가 많다. 그 말은 지원자들 입장에서도 그 기업에 대한 정보나 비전, 업무, 평가 등을 잠깐의 공고를 통해서만 알 수 있다는 것이다. 삼성전자에 입사하기 위해 몇 년간 준비한 사람은 삼성에 대한 정보를 누구보다 더 알기 위해 노력하고, 본인이 원하는 직무에 맞는 사람이 되기 위해 노력했을 것이다. 하지만 중소기업 채용 과정에서는 회사와 지원자 모두에게 이러한 부분들이 전무하다. 면접을 보는 이유는 지원자의 능력과 우리 업무에 적합한지를 따져보고, 나아가 업무적으로 성장성을 갖추고 있는지 보기 위함이다. 그런데 회사의 공고에는 일반적인 내용만 있을 뿐 회사에 대한 특징, 지원자가 입사 시 진행할 명확한 업무, 복지 등이 제대로 나와 있지 않다. 그러므로 지원자 입장에서도 이 회사에 반드시 입사해야겠다는 열의를 가진 사람보다는 '한번 지원해볼까? 결정은 나중에 해도 되니…' 하는 식의 지원자가 많을 수밖에 없다.

이러한 상황에서 기업들은 비슷해 보이는 지원자들 사이에서 고심한다. 면접 후 합격 통보를 해도 입사하러 오는 사람들이 없을 수도 있어 면접 본 지원자가 마음에 안 든다고 무조건 불합격을 시킬 수도 없기 때문이다. 당장 사람이 급한 상황인데, 공고를 다시 내고 면접을 보고 채용하자니 너무 늦을 것 같기 때문이다. 그래서 직원을 뽑는 기준들이 점점 모호해지기 시작한다. 가치관, 성장성, 능력, 학벌, 스펙 등등에서 점점 당장 입사해서 일할 수 있는 직원으로 바뀌는 것이다.

조직도는 회사와 지원자 모두에게 확신을 준다

제대로 된 조직도를 만들어야 하는 이유가 명확해졌다. 만약 우리 회사의 채용 공고에 지원자가 입사 후 해야 할 업무, 업무 범위, 연봉, 필요한 능력, 향후 성장해 맡게 될 위치, 복지 등이 세세하게 적혀 있다면 어떨까? 우선 지원자는 공고의 내용만으로 내가 지원할 수 있는 업무인지, 아닌지를 확실하게 알 수 있다. 그렇기에 지원하는 사람들도 그 업무에 더 관심이 있거나 잘 아는 사람일 확률이 높다. 또한, 세세한 지원자 요건과 회사의 비전을 보고 회사와 함께 성장하고 싶은 지원자가 있을 가능성이 크다. 작은 회사라고 무조건 사람들이 피한다고 생각하는 것은 큰 편견이다. 작은 회사라도 우수하고, 원하는 인재를 채용할 수도 있다. 물론 대기업보다 우수한, 그리고 원하는 인재를 뽑을 확률이 낮을 수 있지만, 회사가 지원자에게 확신을 주면 불가능한 게 아니라는 것이다. 그리고 이러한 확신을 주는 도구가 바로 '조직도'를 재설정하는 것이다.

조직도는 더, 더, 더 구체적으로 만들어라

우리가 흔히 아는 조직도는 사장, 임원, 필수 부서 몇 개가 수직 또는 수평으로 나열된 형태가 대부분이다. 이러한 조직도는 회사의 전체적인 구조와 규모를 보기에는 괜찮지만, 그 외의 의미는 찾아보기 힘들다. 우리는 이러한 조직도에서 벗어나 마인드맵 형태처럼 세부 내용으로 뻗어 나가는 조직도를 만들어야 한다.

우선 단순하게 사장, 임원, 생산부, 지원부 등을 적었던 조직에서 나부터 어떤 위치에 있을 것인지 고민해야 한다. 사장이 될 것인지, 아니면 그룹을 만들어 회장이 될 것인지. 그리고 총괄 임원진들은 몇 명을 둘 것인지 정한다. 그다음 자신이 회사를 목표지점까지 성장시켰을 때의 모습을 상상하며, 필요한 부서들을 모두 적어본다. 사람에 따라 100명 규모의 회사를 원하는 사람도 있고, 1,000명 규모의 회사를 상상하는 사람도 있을 것이다. 자신이 원하는 규모에 맞게 조직의 규모와 수도 달라질 것이다. 영업부도 본사 소속 영업부 1팀, 2팀, 3팀이 있을 수 있고, 영업부 안에서 전국지점이 있는 회사를 목표로 삼고 있는 사람도 있을 것이다. 자신이 원하는 목표에 맞게 필요한 모든 조직을 채워 내려간다. 총무부, 인사팀, 생산팀, 영업 관리팀 등등 어떤 부서라도 좋다.

각 부서를 모두 적었다면 그다음은 부서 안에 내가 원하는 규모의 직원 숫자와 그 부서에서 업무를 맡게 될 사람들의 필요한 능력, 주요 업무, 연봉, 기대하는 효과, 부서의 성장 가능성 등등 마치 일하고 있는 직원을 보듯이 관련 내용을 세세하게 적어봐야 한다. 부서별로 본인이 추가하고 싶은 내용이 있다면 추가해도 좋다. 더욱더 구체적이고, 수치화할수록 좋다.

끝으로 회사 경영에 있어 내가 원하는 큰 목표를 적고, 그 목표를 달성하기 위해 각 부서가 어떤 업무를 달성해야 하는지 적어본다. 이렇게 조직도를 구체적이고, 수치화해서 적어보면 2가지 이점이 생긴다. 첫 번째는 사장 스스로 느끼는 변화다. 큰 목표를 보고 상상하며 나도, 우리 회사도 지금보다 더 나은 상황으로 변할 수 있다는 확신을 하게 된다. 그리고 사장의 이러한 확신들은 현재 근무하는 직원들에게 전달된다. 변화와 목표를 선언할 수도 있고, 목표의 조직도를 붙여 놓고 직원들에게 공감을 얻기 위해 노력할 수도 있다. 당연히 처음에는 모든 직원이 어리둥절하겠지만, 처음의 변화는 사장이 주도해야 한다는 말처럼 사장의 의지와 확신을 계속 내비치면 그 뜻에 따르는 직원들이 생기게 된다. 직원의 공감이 커질수록 사장의 확신도 커지게 되어 있다. 그렇게 되면 사장은 변화를 위한 행동에 더욱 박차를 가할 수 있게 된다.

두 번째는 원하는 인재를 뽑을 가능성이 커진다는 것이다. 조직도를 구체적으로 만드는 것은 회사 내부적으로 변화에 대한 자신감과 확신을 주고, 외부적으로는 예비 지원자들에게 회사에 대한 확신을 주는 역할을 한다. 우리가 원하는 방향과 그 안에서 내가 할 수 있는 일, 내가 성장할 수 있는 일이 명확히 보이기 때문에 회사의 목표에 공감하는 지원자가 올 가능성이 커진다. 이는 면접을 볼 때도 유용하게 사용되는데, 우리가 영업 직무 인원 충원을 위해 지원자를 모집하고 면접 보는 상황을 생각해보자. 회사 입장에서 지원자의 능력을 알 방법은 1차적으로 서류를 통해 경력과 포부 등을 파악할 수 있다. 그리고 실제 언행과 성격, 분위기 등 다양한 요소를 알아보기 위해 면접을 진행한다. 회사 업무와 관련된 지식의 수준을 알아보기 위한 질문일 수도 있고, 조직 생활에 있어 개개인의 성향을 알아보기 위한 질문일 수도 있다. 그리고 보통은 경력도 어느 정도 있으면서 인상도 좋아 보이고, 언변도 좋고, 긍정적인 사람을 채용한다. 물론 이 정도면 정말 면접을 잘 진행하고 채용했을 가능성이 크다. 그런데도 현실에서는 얼마 지나지 않아 퇴사하는 직원들이 많다. 신중하게, 좋은 사람을 뽑았다고 생각했는데 왜 이러한 일이 반복될까? 면접 때는 회사에 온몸을 던져 일할 것처럼 말하더니 막상 업무를 진행하면서 불만들이 늘어가는 사람이 많다. 막상 시작해보니 내가 생각한 업무와 회사 분위기가 아니라는 것이다. 이러한 문제가 반복되는 것을 막기 위해서는 채용 당시 지원자를 위한 프레젠테이션이 하나의 해결책이 될 수 있다. 조직도를 바탕으로 우리가 원하는 구체적인 인재상과 능력, 역할 등을 오히려 면접 담당자 또는 사장이 직접 간단히 프레젠테이션하는 것이다. 일반적으로 회사의 소개나 지원한 직무에 관한 내용을 나열하는 게 아니라 정말 우리 회사에 필요한 인재가 어떤 사람인지, 어떤 역할을 해야 하며, 어떤 결과를 내야 하는 자리인지 상세하게 설명하는 것이다. 이러한 방법은 오히려 지원자에게 내가 이 역할을 해낼 수 있는 사람인지, 능력이 있는 사람인지, 해낼 자신이 있는지 등 스스로 한 번 더 생각해볼 수 있는 계기를 준다. 또한, 회사가 면접자를 보고 판단해서 채용하듯, 면접자들도 사장, 면접 담당관, 회사의 첫인상 등을 보고 일을 할지 말지, 입사해도 금방 퇴사할지, 아니면 오랫동안 다닐지를 판단한다. 그렇기에 채용 과정에서 최대한 우리 회사와 결이 비슷한 직원을 뽑는 게 중요하다. 그러므로 조직도를 구체적으로, 그리고 이를 면접 과정에 활용하는 것이 큰 도움이 될 것이다.

매력적인 회사도 알리지
않으면 찬밥 신세다

01

내실을 다지는 것은 기본
첫인상도 신경 써야 한다

A, B 두 그룹에 한 사람의 성격과 특성을 소개했다. A그룹에는 "똑똑하고 근면하다. 하지만 때로는 충동적이고 비판적이며 고집이 세고 질투심이 강하다"라고 이야기했고, B그룹에는 "질투심이 강하고, 고집이 세며, 비판적이고, 충동적이다. 하지만 근면하고 똑똑하다"라고 소개했다. 같은 단어와 같은 길이의 문장으로 말했지만, 특성을 소개하는 단어의 나열 순서만을 바꿨다. A, B 두 그룹은 소개받은 한 사람에 대한 첫인상을 어떻게 평가했을까? A그룹은 대체로 성실한 사람 같다며 호의적으로 평가했고, B그룹은 문제가 있는 사람처럼 느껴진다고 평가했다.

이 실험은 첫인상이 우리에게 미치는 영향력을 알아보기 위해 미국의 사회심리학자 솔로몬 애쉬(Solomon Asch)가 진행한 실험이다. 상대방에게서 최초로 입력되는 단어, 정보가 무엇인지에 따라 그 사람의 첫인상 평가가 달라진다는 것이다.

초두효과를 관리해야 한다

이처럼 먼저 입력된 정보가 나중에 들어온 정보보다 사람들의 기억에 더 큰 영향을 미치는 것을 심리학에서는 '초두효과(Primacy Effect)'라고 한다. 즉 사람을 처음 본 후 머릿속에 남는 첫인상을 말한다. 뇌 과학자들은 초두효과가 일어나는 이유는 뇌가 가진 한계 때문이라고 말하는데, 뇌는 처음 들어온 정보를 입력한 뒤 그 뒤에 들어오는 정보들을 이에 맞춰서 해석하려고 하는 경향이 있다. 그래서 흔히들 말하는 '첫인상이 중요하다'라는 말은 초두효과에 근거를 두고 있다. 예를 들어 거래처 사장과의 미팅 자리에서 첫인상이 좋으면 거래처에 호감을 주어 긍정적인 결과를 얻는 경우, 면접에서 첫인상이 좋아 면접관에게 호감을 주는 경우, 신규 프로젝트 발표 때 발표자의 첫인상이 좋아 상대방에게 좋은 기억을 남기는 경우 등이 이에 해당한다.

그러면 매각이 목표인 기업 입장에서 관리해야 하는 초두효과는 어떤 부분이 있을까? 외부에서 예비 매수자들이 우리 기업을 볼 때 어떤 부분을 먼저 볼까? 자사가 배포하던 홍보자료(IR=Investor Relations)만 보던 예비 매수자들은 기업에 대한 추가적 정보를 얻기 위해 간단한 검색부터 회사 방문 등 다양한 활동을 할 가능성이 크다. 그렇다면 우리는 매수자가 검색했을 때 나오는 우리 회사에 대한 정보, 방문 시 우리가 줄 수 있는 이미지를 고려해 관리해야 한다. 예를 들어 의외로 홈페이지가 없거나, 있어도 오래된 중소기업이 상당히 많다. 우리 기업에 대해 궁금했을 때 가장 먼저 간단히 알아볼 수 있는 게 검색이다. 홈페이지는 회사의 첫 이미지와 방향성을 알려주는 얼굴 역할을 할 수 있다. 또한, 향후 기업이 성장할수록 우리를 알릴 기회가 많아질 것이다. 매출이 어떻게 점점 늘어났는지, 그 과정에서 회사 내부적으로 어떤 행사들이 진행됐는지, 또는 우리 회사만의 특별한 사내문화, 언론에 보도되는 일 등 다양한 내용과 회사의 방향성에 영향을 줄 수 있는 일들이 많아질 텐데, 이러한 매력적인 내용을 축적하고 알릴 곳이 없다면 그간 쌓아온 매력적인 요소들을 버리는 것과 마찬가지다. 따라서 홈페이지를 비롯한 온라인에서 우리 회사를 알릴 공간을 확보하고 관리해야 한다.

또한, 기본적인 내용처럼 들릴지 모르지만, 회사의 외관과 관리 상태도 첫인상에 큰 영향을 미친다. 5성급 호텔의 로비를 상상해보자. 깔끔하고, 고급스럽고, 단정한 직원들이 있고, 온화하고 등등 긍정적인 모습이 떠오른다. 그리고 호텔 방, 식당, 커뮤니케이션 공간 등 어느 곳을 가더라도 비슷한 느낌을 줄 것 같다. 그러면 이번에는 입구부터 청소를 잘 안 해서인지 거미줄이 보이는 낡은 숙소를 떠올려 보자. 곳곳에 쓰레기가 보이고, 로비의 TV는 먼지가 쌓여 있다. 지저분함, 흐트러짐, 불친절함 등의 부정적인 모습들이 첫인상으로 들어올 가능성이 크다.

기업 또한 마찬가지다. 입구부터 긍정적인 첫인상을 췄다면 이후 만나는 직원들과 회사의 내부 분위기에 대해서도 긍정적으로 생각할 가능성이 크다. 물론 이후 판단이 바뀔 수도 있지만, 첫인상이 좋을 경우 기업을 방문했을 때 특별히 큰 불편함을 주는 일이 없다면 긍정적인 첫인상을 계속 이어갈 가능성이 큰 것이다. 만약 첫인상이 좋지 않은 상태로 기업을 본다면 하나하나 모든 것에 의심이 갈 가능성이 크고, 이 과정에서 기업의 가치를 낮게 평가할 수도 있다. 같은 상황인데도 예비 매수자가 느끼는 첫인상과 감정에 따라 기업에 대한 평가가 달라질 수 있다는 것이다.

맥락효과가 있어야 사소한 문제가 줄어든다

5성급 호텔의 고급스러운 로비를 보고 느낀 좋은 감정을 가지고, 호텔 방에서도 좋은 감정을 유지하며, 식당에서도 좋은 감정을 유지하는 것을 '맥락효과(Context Effect)'라고 한다. 최초로 얻게 된 정보가 이후에 얻는 정보에 대한 판단 기준을 제공하고, 전체 맥락을 만들어가는 현상이다. 5성급 호텔처럼 처음 얻은 정보가 긍정적이라면 이후에도 긍정적으로 생각하게 되고, 반대로 낡은 숙소처럼 처음 얻은 정보가 부정적이라면 이후에도 부정적으로 생각하게 되는 것을 말한다.

기업 매각을 준비하는 과정에서도 맥락효과는 초두효과만큼 중요하다. 그 이유는 사소한 문제가 있을 때 이 부분이 영향을 미치기 때문이다. 물론 제목처럼 내실을 다지는 것, 즉 수익을 잘 내고, 시스템화되어 있는 것은 기본이다. 이렇게 기업에 대한 상황이 동일하다고 가정했을 때, 예비 매수자가 기업을 보던 중 생산 라인 한 곳에서 문제가 발생했다고 하자. 작업자의 실수가 있었고, 간단한 조치 후 다시 가동됐다. 실제로도 그리 큰 문제는 아니었지만, 신입직원들이 한 번씩 실수하는 포인트가 있어 발생한 일이었다. 이때 회사는 상황을 설명하고, 왜 이러한 일이 반복해서 일어났는지 파악한 경위와 재발 방지를 위해 취하고 있는 교육이 어떻게 실시되고 있는지 설명했다. 이러한 상황에서 기업에 대해 긍정적인 초두효과를 가지고 있는 A투자자와 부정적인 초두효과를 가진 B투자자의 반응이 어떨 것 같은가? A의 경우 문제가 발생했을 때 회사의 상황 설명과 대처법을 듣고, 오히려 세세한 곳까지 신경을 쓰고 있는 곳이라는 생각을 할 수 있다. 회사에 대해 긍정적인 초두효과가 이후 대처 방식에 대해서도 긍정적으로 작용할 가능성이 크기 때문이다. 그리고 이러한 문제들은 흔하게 나올 수 있기에 이처럼 재발 방지 교육을 철저히 하는 회사라면 다른 부분도 잘 진행되고 있을 것으로 생각하기 쉽다.

하지만 B의 경우는 같은 상황에서 같은 대처법을 듣고, 오히려 큰 걱정이 생길 가능성이 크다. '생산 라인에서 사소한 문제가 발생했는데, 다른 부서에서도 사소한 문제들이 많이 생기고 있는 게 아닐까? 문제들이 여기저기 많이 발생하는데, 제대로 해결하지 않고 넘어가는 부분이 있지는 않을까?' 등등 부정적인 초두효과가 맥락효과로 이어져 대처법의 긍정적인 부분보다 문제 발생이라는 부정적인 부분에 더 집중하기 때문이다. 실제로도 우리는 평소에 성실하고 일 처리가 완벽한 사람이 어쩌다 실수를 하면 '중간에 다른 사람이 처리를 잘못했나?'라고 긍정적으로 생각하지만, 게으르고 일 처리가 느린 사람이 어쩌다 실수를 하면 '그렇게 게으름 피우더니 부랴부랴 하느라 또 뭘 실수했나?'라고 부정적으로 생각한다.

이렇게 기업에서도 초두효과에서 이어진 맥락효과에 따라 같은 문제도 다르게 평가받을 가능성이 크다. 분명 같은 문제이고, 그 영향력도 같은데 누구에게는 긍정적인 인상을 주고, 누구에게는 부정적인 인상을 줘서 가치가 낮게 보이게 만든다. 이렇듯 초두효과와 맥락효과는 기업 이미지에 큰 영향을 준다. 하지만 그 영향은 아주 간단한 부분에서 시작한다는 것을 알아야 한다.

IR은 매각할 때만 하는 게 아니다. 숨 쉬듯 하라!

IR은 'Investor Relations'의 약자로 '기업 설명회'라는 뜻이다. 기업의 대내외적인 성과나 현재 진행 중인 사업의 운영 결과, 미래 사업 추진계획 등을 투자자들에게 알림으로써 투자 유치를 목적으로 하고 있다. 대기업 또는 상장기업의 경우 공시에 대한 의무가 있고, 주식 공개를 통해 투자자들과 공존하는 입장이기에 IR을 주기적으로, 그리고 담당 부서를 통해 체계적으로 관리한다. 하지만 중소기업의 경우 IR을 하지 않는 경우가 대부분이다. 평소에도 소수 인원으로 회사를 경영하고 유지해온 상황에서 IR 담당 직원을 뽑는 것은 사실상 불가능에 가깝다. 또한, 주식회사로 이뤄진 경우라도 주식 거래를 위해 기관 투자자 또는 개인 투자자에게 IR을 하는 예도 없다. 간혹 주기적으로 외주를 고려하는 경우가 있지만, 막상 IR을 해야 하는 목적, 내용, 의미 등이 없으므로 대부분 관심을 두지 않는다. 하지만 매각을 고려하는 중소기업이라면

IR에 관심을 가지고, 지속해서 IR을 통해 우리 회사를 알릴 방법을 연구해야 한다. 간혹 IR 자체가 '기업 설명회, 투자 설명회'라는 단어로 쓰이다 보니 그 무게감 때문에 섣불리 진행해서는 안 되며, 큰 성과를 내거나 기업에 큰 변화가 있을 때 진행해야 한다고 생각하는 사람들이 있다. 물론 그럴 경우 IR을 통해서 더 효과적으로 알릴 수 있겠지만 그러한 상황이 아니더라도 IR에 적극적이어야 한다.

IR이 중요한 이유는 지속적인 어필 때문이다

IR이 중요한 이유는 다양하겠지만, 중소기업에 IR이 중요한 이유는 다름 아닌 우리 기업의 상황을 외부에 지속해서 알리고, 홍보할 수 있는 유일한 도구이기 때문이다. 대기업, 상장기업의 경우 투자자들이 먼저 기업의 IR 자료를 찾아보고, 궁금한 점은 전담팀에 연락해 문의하기도 한다. 하지만 중소기업의 경우 외부 투자자, 예비 매수자들이 먼저 우리 회사의 정보를 찾아볼 가능성은 희박하다. 가치를 키워 매각을 원하는 중소기업은 우리가 어떻게 사업을 진행하고 있고, 과거부터 어떻게 성장해왔는지, 향후 미래 기대 성장성은 어느 정도인지 먼저 알려야 한다.

기업이 IR 또는 회사 관련 내용을 외부에 홍보한다는 것은 자신들이 현재 상황에 있어 어느 정도 자신이 있다는 말이다. 만약 기업이 수익을 제대로 내지 못하고 계속 적자에 허덕이고 있다면, IR을 통해 기업의 상황을 외부에 홍보하길 꺼려할 것이다. 또한, 기업 이미지에 타격을 줄 수 있기에 굳이 그러한 일을 하지 않으려 한다. 즉, 기업 설명회를 주기적으로 진행하거나 관련 자료를 꾸준히 업데이트한다는 것은 단순히 기업 투자 유치만을 위한 게 아니라 기업의 이미지, 예비 매수자들의 관심도 상승, 회사에 대한 신뢰도, 상장기업이라면 주가 안정에 영향을 줄 수 있다는 말이다. 그러므로 많은 기업이 상당한 비용 부담에도 불구하고 경영성과와 실적을 기반으로 한 기업 설명회를 꾸준히 개최한다.

중소기업의 IR 시작은 작은 것부터

아무리 중소기업이라도 매각을 원하는 경우 실제 매각 절차에 들어가기 전부터 IR을 하는 것이 중요하다. 평소에도 관심을 가지고 회사를 홍보할 하나의 방안으로 고려를 해야 하는데, 문제는 막상 IR 자료를 만드는 것부터 난관이다. 2009년 금융위원회의 허가를 받아 한국거래소가 설립한 비영리사단법인 '한국IR협의회'에 수많은 상장 기업의 IR을 확인할 수 있는데, 기업의 업력, 경영 상황, 현재 진행 중인 사업, 향후 계획 사업, 재무제표 등 다양한 내용이 들어가 있는 것을 볼 수 있다. 이 내용을 보고 있으면 우리 기업의 상황과 비교한다면 너무나 큰 차이 때문에 엄두가 나지 않을 것이다. 또한, 실제로도 당장은 그러한 자료를 만들기가 불가능할 것이다. 재무제표 관리도 제대로 되지 않는 곳이 있고, 회사의 현재 경영 정보 등 다양한 부분에서 준비할 수 있는 자료의 양 자체가 적기 때문이다. 그러므로 중소기업은 정식 IR의 내용을 무작정 따라 하기보다는 현재 자신들이 준비할 수 있는 최소한의 내용과 실적을 중심으로 자료를 만드는 게 좋다. 가장 중요한 것은 우리 회사가 현재 어떻게 사업을 진행하는지 알리는 게 목적이기 때문이다.

홈페이지는 IR을 할 수 있는 가장 빠르고 좋은 장소

"그러면 이러한 자료들을 어디에 올려야 하나요? 올린다고 누가 보나요?"

IR과 관련된 내용을 말하면 자주 듣는 질문이다. IR은 기업 경영의 끝에서나 들어볼 법한 단어였는데, 매각을 위해서는 지금부터 IR에 관심을 가지라는 말을 듣고 나니 당연히 생기는 의문일 것이다. 만약 우리가 실제적인 매각 절차에 들어간다면. 매각 전문가, IB팀, 회계법인, 법무법인 부티크 등 매각 주관사와 IR 자료를 공들여 만들고, 예비 투자자들을 찾아 자료를 배포해야 할 것이다. 하지만 우리는 향후 매각을 목적으로 현재의 기업 홍보 작업을 진행하는 것이다. 즉 우리의 성장 과정을 남기며 회사가 진정 시스템을 갖추고 매각 준비가 됐을 때 그간의 우리 활동을 보여주려는 것이다. 그러므로 홈페이지는 기업의 이러한 내용을 축적할 수 있는 좋은 수단이 된다. 기업의 변화부터 C.B.T 구축과 조직 구축, 기업의 성장 과정 등을 빠르게 올리고 홍보할 수 있는 좋은 장소이기 때문이다. 첫인상에서도 기업의 홈페이지에 대해 언급했는데, 첫인상과 더불어 기업의 현재 경영 상황, 매출, 향후 사업의 방향성 등의 내용이 꾸준히 게시되어 있다면, 이는 기업에 대한 신뢰도에 도움을 줄 것이다.

03

경쟁사에 홍보하는 것을
두려워 말라

기업이 매각할 때 가격을 최대로 높일 방법이 무엇일까? 바로 경쟁을 붙이는 것이다. 매도 기업에 강한 인수 의지를 보이는 매수자들을 대상으로 경쟁입찰을 시키는 것인데, M&A에서 '옥션 딜'이라고 부른다. 옥션 딜은 매도인이 주도적으로 거래를 추진하는데, 거래 절차와 방법에 대해 매도인이 원칙을 정하고, 매수자들에게 입찰하도록 해 최고 조건을 제시한 매수자를 선택하는 방식이다.

옥션 딜은 공개 입찰과 비공개 입찰 방식으로 구분할 수 있는데, 보통은 비공개 입찰 방식이 제한적이다. 다만 공공기관이나 법원 등이 주도로 진행하는 매각 건에 대해서는 공정성과 투명성 확보를 위해 공개 입찰 방식으로 진행하는 경우가 많다.

100억 기업으로 만들어 M&A하라!

경쟁사가 원하는 것은 1위다!

옥션 딜 형태로 경쟁을 붙이는 게 가장 높은 가격을 받을 수 있는 형태이지만, 실제로는 매도인과 매수인이 개별적으로 협상 후 진행하는 프라이빗 딜 형태가 더 많이 일어난다. 그 이유는 매각을 원하는 기업주들이 매각 사실을 공개하는 것을 극도로 꺼리는 경향이 심하고, 기업 정보가 시장과 언론에 노출됐을 때 오해로 인한 거래 불발 또는 가치 하락 등이 있을 수 있기 때문이다.

하지만 이 상황에서 매도 기업의 경쟁사가 참여하게 된다면 상황이 달라진다. 지금까지 경쟁자로 여겨왔던 기업이 자사의 매각 소식에 강한 매수 의지를 보이는 이유가 무엇일까? 바로 시장 점유율 때문이다. 어떤 업계를 막론하고 소비자가 가장 잘 기억하는 기업은 어떤 기업일까? 바로 1등 기업 또는 1위 브랜드 제품을 가진 기업일 것이다. 2등, 3등 그 밖의 순위에 있는 기업들도 기억은 하겠지만, 관련 제품 또는 서비스를 떠올릴 때 가장 먼저 생각이 나거나, 선택에 있어 기준으로 삼기 때문이다. 그만큼 1등 기업이라는 위치는 소비자에게 큰 영향을 줌과 동시에 시장에서 인정받는 자리다. 작년 항공업계 1위 대한항공이 부실이 누적된 업계 2위 아시아나항공의 인수를 추진했다. 경쟁사였던 2위 항공사를 인수하면서 그 외의 항공사 또는 항공업계에 진출하려는 새로운 경쟁자를 만들지 않고 1위를 굳히겠다는 것이다. 또한, 빙과업계에 2위 빙그레가 4위 해태아이스크림을 2020년 3월에 지분 100%를 1,400억 원에 인수하는 매매계약을 체결했다. 국내 아이스크림 시장은 1위 롯데제과, 2위 빙그레, 3위 롯데푸드, 4위 해태아이스크림 4개 업체가 경쟁을 펼치는 구도였다. 그러나 4위 해태아이스크림이 매각 의사를 밝히면서 2위 빙그레가 적극적으로 매수에 참여했다. 시장 1위인 롯데제과를 넘어설 발판이 될 수 있기 때문이다. 실제로 두 기업의 인수합병으로 점유율은 롯데제과를 앞섰다. 하지만 그룹 차원으로 본다면 롯데제과와 롯데푸드, 빙그레와 해태아이스크림 양강 구도로 업계가 재편된 상황이다. 물론 대기업 간의 경쟁사 인수 전쟁은 사회적으로 독과점 문제를 불러올 수 있기에 신중히 진행한다. 대한항공-아시아나항공 인수합병의 경우 2021년 12월 기준, 공정위의 결합 심사가 마무리되지 않아 결과적으로는 아직 승인이 나지 않았다.

그렇다면 이러한 경쟁사의 인수합병이 단지 대기업들에만 해당되는 상황일까? 거래의 규모와 영향력을 미치는 시장의 범위만 차이가 있을 뿐 중소기업에도 비슷한 상황이 벌어진다. 예를 들어 경기도를 중심으로 사업을 진행 중인 판지 제조업체 A가 업계 전체에서는 후순위일 수 있지만, 지역 내 중소업체 중에서 2~3위의 영향력을 발휘하고 있을 수 있다. 이때 점점 매출 성장을 해오던 타 업체가 5~6위까지 올라온 상황에서 개인적인 이유로 기업 매각 의사를 밝혔을 때 A업체가 지역 내 점유율 확보에 공을 들이는 상황이라면 기업 매수를 적극적으로 진행할 가능성이 크다. A업체 자체적으로 회사를 확장해가는 방식으로 점유율을 높일 수도 있겠지만, 이미 어느 정도 점유율을 확보하고 매출과 수익을 내는 업체를 인수함으로써 시간을 단축할 수 있기 때문이다. 물론 이 매수과정에서 소모되는 비용 규모는 자사의 확장에 재투자했을 시 들어가는 비용을 예상해보고 이와 비교해 결정될 것이다. 예상된 매수 비용 대비 수익과 점유율 상승으로 인한 여러 이점이 많다면 경쟁사에는 좋은 기회가 될 수 있기 때문이다.

매각이 목표라면 얼마든지 홍보해야 한다

사업을 진행할 때는 경쟁사를 잡거나 또는 경쟁사를 뿌리치기 위해 노력한다. 하지만 기업을 매각할 때는 경쟁사가 오히려 좋은 파트너가 될 수 있다는 것을 알아야 한다. 중소기업의 경우 전국적 판로를 가진 기업이라도 제품에 따라 경쟁사가 소수인 경우도 있고, 작은 지역에서 사업 활동을 하는데 다수의 경쟁사가 존재하는 예도 있다. 하지만 시장의 구조와 관계없이 업계별로 구축된 시장 범위 안에서 순위가 존재하기 마련이다. 어떤 기업은 그 속에서 1위를 차지하고 있을 것이고, 어떤 기업은 1위를 차지하기 위해 활동하기 마련이다. 따라서 우리는 지금 당장 크게 인정받지 못하는 상황일지라도 기업을 키워가며 그들에게 꾸준히 우리를 알려야 한다. 우리의 매출이 성장하고, 조직이 구축되어 회사가 외부적, 내부적으로 성장하기 시작하면 그때부터는 오히려 경쟁사가 우리 회사에 먼저 관심을 보일 가능성이 크기 때문이다.

향후 우리의 최종 목표가 매각이라는 것을 알릴 필요는 없지만, 우리의 영향력이 점점 커지고 있음을 숨길 필요가 없다는 말이다. 매각이 목표라면 얼마든지 경쟁사를 파트너로 생각하고 우리를 홍보해야 한다.

역지사지, 인수자가 갖는
의문점을 알아야 한다!

01

직접 만들 것인가? vs 인수할 것인가?

마케팅 교육을 할 때 흔히들 하는 말이 있다.

"고객의 입장에서 생각해보세요!"

제품 판매자가 아무리 수십 가지 장점을 언급해도 결국에 소비자가 사고 싶은 장점이 없으면 제품은 팔리지 않는다. 그래서 '우리 제품의 특징이 무엇일까?'를 생각하는 것과 동시에 고객의 입장에서 '우리 제품을 보면 어떤 생각을 할까? 어떤 니즈가 있는 고객이 우리 제품에 관심을 보일까?'를 같이 고려해야 한다.

우리는 기업을 가치 있게 만들고 매각을 하는 게 목표다. 그렇다면 앞서 언급한 가치를 올리는 다양한 방법들을 익히고 적용함과 동시에 '누가 우리 기업을 사려고 할까? 우리 기업을 봤을 때 어떤 점이 끌리게 해야 할까?'라는 것을 생각해야 한다. 역지사지하는 마음으로 내가 인수자가 되어 생각해보면 우리 기업의 특징이 더 잘 보일 수 있고, 보완해야 할 부분도 찾을 수 있기 때문이다.

투자자 또는 인수자들이 기업을 인수하기로 한 이유가 무엇인지 아는가? 바로 직접 만드는 비용보다 인수하는 비용이 더 합리적이라고 느끼기 때문이다. 지금 우리는 특정 지역에서 소문난 식품 회사인데, 이 제품을 전국적으로 확대하고 싶다면 어떻게 해야 할까? 가장 먼저 지역별로 거점을 세우는 방법을 생각해볼 수 있다. 효율적인 홍보를 위해 온라인 홍보를 병행하며 지역별 창고와 배송 체계를 갖춘 지점을 만들고, 전국적으로 물류 배송을 담당할 부서를 신설하거나 위탁사를 찾는다. 지점별 관리자급의 직원과 고객 관리, 영업을 맡을 직원들도 채용한다. 간단하게 생각해봐도 지점 건설, 물류 시스템 확보, 직원 채용, 이 모든 게 만들어져야 우리가 생각한 전국단위 판매가 이뤄질 수 있다. 당연히 비용뿐만 아니라 시간이라는 요소가 더해진다.

그런데 전국단위 판매망을 가지고 있고, 우리가 원하는 거점의 90%가 일치하는 식품회사가 F가 매물로 나왔다면 어떨까? 비용을 따졌을 때 F사를 인수하는 금액이 저렴하다면, 이는 시간 소모도 없을뿐더러 비용까지 아낄 수 있는 인수가 된다. 당연히 다른 요소들을 더 고려하겠지만 당장은 F사 인수에 긍정적일 수밖에 없는 것이다.

앞서 예시로 나온 '허닭'을 인수한 '프레시지'의 경우가 이와 비슷하다. 밀키트 분야 1위 기업인 프레시지는 허닭을 인수함과 동시에 '라인물류시스템'이라는 회사도 인수를 진행했다. 프레시지의 목표는 밀키트 분야 1위를 확고히 하기 위해 제품 라인업을 늘리면서 전국적인 콜드체인(저온 유통체계, 냉동·냉장에 의한 신선한 식료품 유통방식) 물류 시스템을 확보하려는 것이다. 프레시지가 다양한 제품 라인업을 위해 제품 개발에 비용을 투자하기로 결정했다면 어땠을까? 전국 콜드체인 물류망을 확보하기 위해 전국에 거점과 물류 창고들을 만들기로 결정했다면 어땠을까? 비용도 비용이지만 완성되기까지 소요되는 동안 경쟁사에 자리를 위협받을 수도 있다. 하지만 허닭과 라인물류시스템을 인수하면 단기간에 계획한 사업을 진행할 수 있기에 프레시지는 인수를 결정한 것이다.

직접 만들 것인가, 또는 인수를 할 것인가는 그 기업의 시스템을 살 것인지, 아니면 우리가 직접 그 시스템을 구축할 것인지에 따라 결정이 달라진다. 아무리 나름의 시스템을 갖추고 있어도 우리가 원하는 규모와 구성이 아니라면 인수를 제외하거나 고민하게 될 것이다. 인수 후 원하는 시스템을 만들기 위해 추가적인 비용과 시간이 들기 때문이다. 하지만 이것도 직접 만드는 것보다 시간과 비용이 단축된다면 당연히 전자를 택하는 게 합리적인 선택이 될 것이다.

기업을 매각하려는 사장님들의 입장에서는 이러한 인수자들의 의도를 깊게 생각해볼 필요가 있다. 우선 기업이 돈을 잘 벌고, 조직을 확장하면서 시스템을 만들었다면 팔릴 수 있는 형태가 된 것이다. 그 말은 아예 매각은 생각하지도 못할 상황의 기업에서 이제는 잠재적 투자자들에게 우리 기업을 어필할 수 있는 수준이라는 것이다. 여기서 한 단계 더 가치를 높이기 위해서는 우리 기업을 인수하는 것이 직접 만드는 것보다 비용과 시간 면에서 훨씬 합리적임을 알려주는 포인트를 만들어야 한다. 이 부분에서 우리의 매각 금액 범위가 정해질 수도 있기에 미리 원하는 금액과 비슷하거나 더 작은 규모의 경쟁사의 시장가치를 함께 알아봐야 한다. 예를 들어 우리가 최소 매각 금액을 100억 원 이상으로 정해 놨다면, 우리보다 조금 더 작은 규모의 기업가치를 함께 알아본 뒤 범위를 정하는 게 좋다. 예비 인수자들은 보통 기업 인수를 진행할 때 매물로 나온 기업 중 하나의 회사만 따져보지 않기 때문이다. 만약 우리의 전국 물류 체인 규모보다 더 적은 양을 처리할 수 있는 기업의 가치가 80억 원이라면 인수자는 고민하게 될 것이다. 규모가 조금은 작지만, 오히려 80억 원에 저 기업을 인수해서 20억 원을 투자한다면 지금의 100억 원 기업보다 더 나은 상황이 될 수 있지 않을까, 하는 생각이 들기 때문이다. 우리 기업을 100억 원에 인수하는 것과 경쟁사를 80억 원에 인수하고 20억 원을 들여 규모를 확대하는 전략은 큰 차이가 있을 것이다. 우리가 당장 원하는 규모의 물류를 처리할 수 있는 회사를 인수할 것인가, 아니면 조금은 처리 양이 적더라도 투자를 병행해 원하는 정도로 규모를 키워나갈 것인가. 당연히 최종 선택은 인수자가 하겠지만, 우리는 이러한 상황이 올 수도 있음을 예상하고, 경쟁사 대비 우리를 인수함으로써 단축되는 시간만큼 얼마나 더 수익을 낼 수 있고, 그 수익으로 재확장을 할 수 있는지, 그래서 어떻게 하면 오히려 인수 시점보다 더 큰 규모의 회사를 만들 수 있는지를 전략적으로 설명할 수 있어야 한다. 우리의 전략과 근거가 인수자들에게 오히려 합리적이라고 느껴진다면, 우리 기업의 매각은 훨씬 수월하게 진행될 것이다.

02

주인이 바뀌어도
문제가 없을까?

인수자 입장에서 주인이 바뀌는 것은 기업 인수에서 가장 많이 걱정하는 부분이다. 장단점을 모두 잘 파악했고, 실사 당시 직원들 면담도 심도 있게 진행하며 준비를 마쳤다고 생각했는데, 막상 기업을 인수해 보니 직원들의 일 처리가 정돈되지 않고, 의사결정을 하는 데 있어 매끄럽지 않아 시간이 오래 걸리고, 심지어는 퇴사를 하는 직원들이 많아질 수도 있기 때문이다.

따라서 우리는 매각 후에도 이러한 상황이 생길 가능성이 적은 회사라는 것을 어필할 필요가 있다. 사실은 필수적으로 들어가야 한다. 예비 매수자 측에서도 인수 후 최악의 상황을 맞는 것보다 비용을 더 지불하더라도 확실히 안정화가 되어 있는 기업을 매수하는 편이 옳은 선택이기 때문이다. 2018년 국내 인수합병 건수는 약 700건이었는데, 보스턴컨설팅 그룹의 조사에 의하면 전체 인수합병 진행 건 중 약 절반이 인수합병 후 실적 상승, 주주가치 상승에 어려움을 겪고 있었다. 심지어 1/4에 해당하는 기업은 인수합병 후 오히려 실적 하락, 주주가치 하락을 겪고 있다고 말했다.

인수합병을 진행했는데 생각했던 시너지가 전혀 발생하지 않거나, 오히려 더 악화하는 뉴스, 소식을 주변에서 많이 들어봤을 것이다. 예비 인수자도 이러한 상황을 알기에 자신이 원하던 규모, 매출, 시스템을 갖추고 있는데 생각보다 너무 저렴한 가격에 기업이 매물로 나온다면 적극적인 투자보다 오히려 의심을 먼저 해보기 마련이다. 충분히 가치를 인정받을 회사라면 그만큼, 또는 그 이상의 가치를 받는 게 당연하기 때문이다. 예상보다 낮은 가치로 나왔다는 것은 가치를 하락시킬 수 있는 요소가 있기 때문일 가능성이 크다. 물론 이러한 상황을 모두 파악해서 인수하겠지만, 이렇게 급매처럼 기업이 나온다고 무조건 매각이 잘되는 것은 아니라는 말이다. 이렇게 경험 또는 주변의 사례들을 통해 주인이 바뀐 후 나타나는 문제들을 접하므로 앞서 말한 것처럼 우리는 문제가 생기지 않을 이유들을 인수자에게 어필해야 한다. 때로는 이러한 장점들은 우리 기업의 가치를 조금이라도 더 올려줄 수 있는 역할을 하기 때문이다. 비슷한 조건의 두 회사가 있다면 당연히 인수 후 문제가 생기지 않을 것이며, 지속성장을 할 수 있는 회사인지를 명확하게 말하는 회사를 선택할 것이다. 대부분 조건이 같다면 굳이 불확실성을 포함한 쪽을 선택할 일이 없기 때문이다.

사장을 보기 힘든 회사가 되어야 한다

그러면 이렇게 주인이 바뀌어도 문제가 없는 회사를 만들기 위해서는 어떤 준비를 해야 할까? 이 책의 Part 02 내용을 읽은 후 예상을 했겠지만, 회사의 '시스템'을 구축하는 게 가장 중요하다. 시스템을 구축하는 것은 직원들이 각각의 프로세스 속에서 책임지고 있는 역할이 분명하게 나누어져 있음을 말한다. 그리고 기업의 규모가 커질수록 조직의 종류가 세분화하고, 많아지며 그 속에서 직원들의 역할도 점점 더 세분화한다. 그리고 그러한 직원들을 관리할 중간관리자들의 역할이 중요해지는데, 중간관리자는 직원과 임원, 사장에게 업무의 전체적인 내용이 잘 전달될 수 있도록 하는 역할을 겸하기 때문이다.

규모가 작은 회사일 때는 사장도 같이 짐을 나르고, 주문 전화도 받으며, 거래처 관리도 해야 한다. 당연히 직원들 각자의 역할이 있지만, 사장을 포함해 적은 인원이 각자 맡은 업무의 종류가 많아서 자주 함께해야 하는 구조일 수밖에 없는 것이다. 이때는 사장과 대면으로 자주 소통하며 업무처리를 하고 있을 시기다. 그러나 회사가 확장하고, 시스템이 점점 구축되어 팔릴 수 있는 형태가 된다면, 이때부터는 점점 직원들이 사장을 대면하기 힘든 구조가 되어야 한다. 이제는 사장과 직접 업무 처리에 대해 상의하지 않고 중간관리자, 또는 임원진들과 대면하며 일을 처리하기 때문이다. 만약 회사의 규모가 커지는 상황인데도 불구하고, 직원들이 아직도 사장의 움직임 하나하나에 영향을 받고 예의주시하고 있다면, 이는 주인이 바뀌었을 때 큰 혼란을 줄 수 있는 기업이다.

2018년에 e커머스 회사 'IBL'을 400억 원에 매각한 박창원 대표는 사모펀드에 매각 후 1년 6개월간 인수인계 과정을 거치면서 "대표이사 중심의 회사에서 탈피하려고 노력했다"라는 말을 했다. 대표 중심의 체계에서는 결정하는 데도 대표 중심으로 흘러가게 되어 있고, 직원들이 자율적으로 처리할 수 있는 부분까지도 대표의 눈치를 보기 때문이다. 실제로 박창원 대표는 실장, 팀장, 팀원의 의견이 적극적으로 수렴되고, 빠른 의사결정이 진행되며, 이를 실행하는 시스템을 만들려고 노력했다. 대표의 역할을 줄여나가고 직원들의 역량을 강화하는 방법이었다.

이렇게 대표의 역할은 전체적으로 회사의 경영을 보는 관점을 키우는 것이고, 직원들의 역할은 시스템 속에서 각자 맡은 업무를 충실히 하는 것이다. 이러한 구조를 만들어야 대표, 주인이 바뀌어도 큰 문제가 없는 회사가 될 수 있다. 직원 수가 아무리 많아도 대표 중심으로 돌아가는 회사는 대표의 결정이 부재했을 때 혼란이 생길 수밖에 없다. 평소에도 모든 결정 및 그에 대한 책임을 대표에게 돌렸기 때문이다. 인수자들도 기업의 이러한 시스템들을 잘 파악하고 있는 사람들이다. 따라서 사장이 회사에서 어떻게 직원을 대하는지, 업무 처리를 어떻게 맡기는지 등을 보고 회사의 시스템을 판단할 가능성이 크다. 매각을 준비하는 우리는 인수자의 이러한 부분을 파고들어 미리 시스템을 갖춘 구조를 만들고 이를 적극적으로 어필할 필요가 있다.

03

지금의 점유율을
지킬 수 있을까?

기업에 점유율은 중요한 요소다. 기업들이 제품을 런칭할 때 흔히 사용하는 전략도 우선 점유율을 높일 수 있는 홍보 방법들을 강구하고, 막대한 예산을 지출해서 초기 점유율을 끌어올리는 전략을 사용한다. 그리고 이후 높아진 점유율을 바탕으로 홍보 비용을 점차 줄이면서 점유율로 인한 효과로 수익을 점차 채워 나간다. 이는 점유율과 관련된 하나의 전략이지만, 그만큼 기업의 점유율을 높이고 유지하는 게 얼마나 중요한지를 말해준다.

인수자 입장에서도 기업을 평가하는 요소 중 현재의 점유율이 잘 유지될 수 있는지 고려하기도 한다. 어찌 보면 이는 당연한 말이다. 현재 수익이 잘 나오는 회사이고, 시스템도 갖춘 회사여서 주인이 바뀌어도 문제가 없을 것 같은데, 이러한 문제들이 아닌 다른 곳에서 문제가 생겨 점유율이 낮아질 수도 있기 때문이다. 회사의 점유율이 낮아진다는 것은 곧 회사의 매출, 수익이 낮아짐을 말하고, 이는 실패한 기업 인수로 이어질 수 있다. 그러므로 인수자들은 지금의 점유율을 지킬 수 있는지, 아니면 더 성장할 수 있는지를 중요하게 본다.

점유율 문제는 'PMI' 준비가 안 됐기 때문이다!

기업이 매각됐다고 무조건 점유율이 떨어지는 일은 없다. 인수합병 후 실적 부진으로 빠지는 회사도 많지만, 오히려 지속성장을 하며 성공한 인수합병 사례로 남은 회사들도 많이 있기 때문이다. 중요한 점은 인수 후 기업을 어떻게 통합하고 어떻게 이끌어 나갈지에 대한 전략의 차이에 있다. 이를 PMI(Post-Merge Integration, 인수 후 통합)라고 말하는데, PMI 전략을 어떻게 할지에 따라 결과는 달라진다.

PMI에서 중점으로 다루는 부분은 기업의 통합으로 인한 시너지다. 기업이 시너지를 내기 위해서는 다양한 내용을 공유하고 공감해야 하는데, 특히 조직의 비전과 경영자의 리더십, 목표로 하는 가시적 성과, 기업 문화, 리스크 관리 방법, 커뮤니케이션 방법 등을 공유해야 한다. 많은 내용처럼 보이지만 결과적으로는 두 회사의 조직을 얼마나 잘 통일하느냐가 중점이다. 인수합병을 진행하는 많은 회사는 M&A를 진행하는 것 자체보다 인수 후 기업 간 통합을 얼마나 잘 시키는지가 인수합병의 성공을 좌우한다고 생각한다. 실제 2016년 KPMG(144개국에 회원사를 둔, 세계적인 종합 회계, 재무 자문 그룹)가 실시한 설문 조사 'M&A의 핵심 성공 요인은 무엇인가요?'라는 질문에 39%가 PMI라고 대답했다. 기업의 가치평가, 실사 등 다른 요소보다 인수 후에 기업을 어떻게 잘 관리하고 통합하는지가 훨씬 중요하다는 말이다. 기업 간 조직문화가 공감을 이루지 못하고, 업무 처리 방식이 다르면, 이를 연결하기 위한 중간 시스템을 또다시 만들어야 한다. 그렇게 되면 당연히 추가적인 비용과 시간이 소모된다. 또한, 시스템이 생긴다고 해도 하나의 회사가 아닌, 여전히 각각의 다른 회사의 느낌을 줄 수 있기에 인수 후 기업 간 시너지를 내기가 힘든 상황이 온다. 기업은 내부적으로 문제가 쌓이기 시작하면, 반드시 그 결과가 외부적인 실적으로 나타나게 되어 있다. 내부적 통합이 잘 안 되기 시작하면 어떤 업무를 처리하더라도 항상 빈틈이 생기기 마련이며, 100%의 결과가 아닌 70~80%의 결과만을 내기 시작한다. 직원들의 의욕이 하락하고, 서로 책임을 전가하기 바쁘기 때문이다.

오히려 우리가 PMI 전략을 수립하자!

인수자들은 PMI가 얼마나 중요한지 알고 있다. 따라서 인수 후 PMI를 전문적으로 진행해줄 컨설팅 업체와 계약을 하는 경우도 상당히 많다. 그 비용까지도 인수 과정에 필요한 금액으로 산정하기 때문이다. 그렇다면 여기서 우리는 인수자에게 어필할 또 한 가지 부분을 찾아낼 수 있다. 바로 우리가 PMI 전략을 준비하는 것이다. 매각하는 기업의 대표가 6개월에서 1년 정도 계약을 맺고 전략적 자문을 한 후 서서히 퇴사하는 것도 이러한 전략 중 일부다. 물론 우리가 직접 PMI를 준비한다고 해도 전문적으로 PMI를 담당하는 유명 컨설팅 업체의 실력에는 못 미칠 것이다. 하지만 회사를 가장 잘 알고 있는 것은 사장인 바로 '나'다. 전문적인 PMI의 준비보다 회사의 성장 과정과 시스템 구축 과정, 현재 직원들의 만족도, 회사에 대한 직원들의 공감 정도 등을 파악하고, 매각 이후 사내 조직별 특성에 따른 전략, 커뮤니케이션 방법, 영업 조직의 특성, 시너지를 증폭시킬 수 있는 부분 등을 준비하는 것이다. 인수를 협상하는 과정에서 회사의 내부적 사항을 가급적 투명하게 공개하겠지만, 객관적인 상황을 넘어서 사장이 판단하는 향후 발전 전략을 마련하는 것이다. 이러한 전략적 준비는 가치뿐만 아니라 왜 우리 기업을 인수해도 점유율을 지키는 데, 또는 지속성장을 이루는 데 문제가 없는지를 보여주는 무기가 될 수 있다.

04

결국 소기업에
대한 가격은
협상에 달렸다

인수합병이 이뤄지면 많은 전문가가 매각 금액에 대한 평가를 이어 간다. '예상보다 비싼 가격이다', '경쟁자가 많아 호가가 많이 올랐다', '승자의 저주가 될 수도 있다', '회사와 시너지를 낼 수 있는 부분을 생각하면 알짜 거래를 했다' 등 같은 현상을 놓고도 전문가들의 의견은 항상 다르다. 하지만 가격에 대한 정답은 항상 똑같다. 바로 '가격에는 정답이 없다!'라는 것이다.

인수하는 사람은 무슨 이유가 됐든 그만한 이유가 있어서 기업을 인수했을 것이다. 또한, 기업 매도자도 그에 타당한 근거를 제시했기 때문에 서로 거래가 성사됐을 것이다. 대기업과 중소기업의 경영 구조는 다를지 몰라도 인수합병에서 가격을 두고 협상하는 것은 비슷한 구조를 가진다. 결국에는 어떤 가치를 누가 더 크게 인정해주느냐이기 때문이다. 그래서 우리는 요소들을 특화해야 하고, 돈을 벌 수 있는 구조를 만들어 근거를 마련해야 한다. 그래야 우리의 가치를 높게 인정해줄 사람을 만날 가능성이 커지기 때문이다.

'기업 매출이 어느 정도로 오르면 가격이 얼마다!'라고 정해진 게 있을까? 아니다. 기업을 통해 얻고자 하는 부분은 인수자마다 달라서 정해질 수가 없다. 지극히 주관적이라는 말이다. 원하는 부분이 영업적인 시너지가 될 수도 있고, 전국적 물류망을 빠르게 확보하고 싶을 수도 있고, 동일 분야의 사세 확장으로 점유율 확대를 원할 수도 있다. 그렇다면 중요한 것은 그 인수자가 무엇을 중점으로 생각하는지 알아야 한다.

그러면 매도자 입장에서는 여기서 또 하나의 고민이 생긴다. 우리는 영업력이 아주 좋은 회사인데, 물류 인프라는 그리 크지 않아 일부 외주를 활용해 운영 중인 상황이다. 그런데 인수자는 영업력도 필요하지만, 물류 인프라를 더 원하는 사람이다. 그렇다면 이 사람은 당연히 우리 회사를 인수 대상으로 고려는 하겠지만, 아주 비싼 값을 지불하려고 하지는 않을 것이다. 이러한 상황이 생긴다면 우리는 이 인수자의 조건에 맞춰 매각해야 하냐는 것이다.

매각에 대해 전혀 기대하지 못했던 사장님들이 회사 매각이 이뤄지는 경우, 이러한 상황에서 급하게 매각을 하는 경우가 많다. '아예 매각이 안 될 것으로 생각했는데, 회사가 성장해 매각할 수 있다니! 우리 회사를 사준 것만으로 정말 감사하게 생각하고, 그 정도면 충분하다'라고 생각하는 예가 있기 때문이다. 하지만 필자는 가급적 그렇게 해서는 안된다고 생각한다. 매각의 기회를 놓치는 것 같은 아쉬운 순간처럼 보일 수 있지만, 우리의 장점을 제대로 인정받지 못하는 게 오히려 더 아쉽기 때문이다.

기업이 탄탄하게 성장했고, 시스템 구축이 잘되고 있다면 우리의 가치를 알아봐 줄 인수자가 나타날 때까지 기업을 더 견고하게 만들어나가면 되는 것이다. 그러면 우리 기업의 가치는 이전보다 더 높게 올라갈 수도 있다.

중요한 요소들을 많이 말했지만, 그 요소들을 말한 이유는 결국 가격으로 귀결된다. 직접 만드는 게 나을지, 인수하는 게 나을지 고민하는 것도 결국에는 '가격을 얼마나 지불해야 할까?'라는 고민에서 나오는 것이고, 시스템이 구축되어 있는지, 주인이 바뀌어도 문제가 없는지 평가하는 것도, 결국에는 '그래서 가격을 얼마로 해야 하는가?'를 판단하기 위해서다. 이 점을 이해했다면 우리도 기업 매각을 잘하는 마지막 방법은 가격 협상을 잘하는 것임을 알아야 한다. 우리가 할 수 있는 가능한 요소들을 모두 준비했다면, 반드시 협상에서 주도권을 쥘 수 있을 것이다. 인수자들도 가장 중요하게 생각하는 게 가격이다. 우리도 가장 중요하게 생각하는 게 가격이다. 그렇다면 누가 가격을 쥐고 흔들 수 있을지 정해져야 거래가 빠르게 진행된다. 우리의 어필 요소들이 많으면 많을수록 자연스럽게 주도권을 가져오며, 우리가 제시한 가격이 합리적인 것을 느끼게 만들어야 한다. 이는 단순히 순간적인 말 한마디로 되는 게 아니다. 우리가 준비했던 근거들이 얼마나 제대로 준비된 요소들이고, 인수 후 어떤 영향력을 발휘할 수 있는지 설득을 시키는 것이 인수자들에게 우리가 제시한 가격을 받아들이게 만드는 방법이다. 이 점을 명심하고 우리는 매각 협상에 임해야 한다.

에필로그

준비되어 있지 않으면
모든 걸 잃을 수 있다

히말라야 14좌 정상에 오른 사람보다 정상에서 무사히 내려온 사람에게 영광이 주어진다. 산 정상에 오르는 것보다 어떻게 하산을 안전하게 하는지가 중요하다. 이처럼 우리는 지금까지 기업 경영과 성공을 위해 14좌 등반보다도 힘든 일들을 해결해가며 왔다. 세상 모든 것을 가진 기분을 맛봤을 때도 있고, 세상을 포기하고 싶은 심정이 들 때도 있었을 것이다. 그러나 중요한 것은 우리가 수많은 굴곡을 보내오며 여기까지 왔다는 점이다. 우리는 지금까지 거쳐온 정상과 골짜기로부터 얻은 영광을 만끽할 사람들이다. 그래서 우리에게는 무사히 하산하는 법이 더욱 중요하다.

필자는 중소기업 Re-Creator로 활동하며, 어떻게 하산할지에 대해 고민하는 사람들을 만났다. 그러나 이제 내려와야 한다는 것을 알지만 어떻게 할지 모르는 사람, 이제 곧 내려와야 할 시간이 다가온다는 것조차 모르는 사람 등 그들의 답변을 들을수록 미리 경로를 계획하는 사람은 드물다는 것을 알았다. 다른 관점에서 보면 계획하고 싶어도 그럴 겨를이 없는 상황에 있는 사람들이 많다는 게 더 와 닿았을지 모른다.

　분명 수많은 중소기업 대표들도 회사를 만들 때 저마다 목표가 있었을 것이다. 거대한 그룹으로 회사를 키우는 게 목표였을 수도 있고, 부자가 되는 것, 성공 후 은퇴해 자유로운 삶을 사는 것이었을 수 있다. 하지만 언젠가부터 내 계획에서 벗어난 일들이 쌓이기 시작하고, 생각만큼 회사가 성장하지 않아서 고립되어가는 느낌을 받는다. 그러다 처음의 목표마저 흐려지는 상황이 오면 매일매일 같은 일을 반복하며 살아가는 힘없는 자신을 마주하게 된다. 가슴을 뛰게 했던 처음의 목표들이 지금은 현실에서 오는 괴리감 때문에 오히려 생각할수록 좌절감을 준다.

　정말 늦은 것일까? 이러다 평생 회사를 경영하지 않을까? '어떻게든 되겠지'라고 생각하는 게 마음에 편할까? 필자가 기업주들과 상담할 때 의외로 자주 나오는 답변들이다. 현실의 막막함에서 오는 한탄이겠지만, 깊게 들여다보면 지금까지 준비되어 있지 않은 자신에 대한 불신에서 오는 답변들이다. 더 나은 상황으로 바꾸기에는 너무나 멀리 와버렸다고 생각하기 때문이다. 하지만 필자는 이러한 기업주들에게 지금도 하산하는 법을 배우기에는 충분하다고 말한다. 누군가 알려준 적이 없기에 시작이 두려울 뿐, 충분히 내가 원하는 모습대로 이뤄갈 수 있다. 수차례 사업에 실패한 사람도 놀랄 만큼 빠르게 기업을 재건한 사례들이 많지 않은가? 오히려 그들보다 나은 상황이기에 스스로 변하겠다는 마음만 먹는다면 훨씬 빠르게 목표를 이룰 수 있다.

준비되어 있지 않으면 모든 것을 잃을 수 있지만, 준비되어 있다면 모든 것을 두려워하지 않게 될 것이다. 마지막으로 이 책을 끝까지 읽어준 모든 분들에게 감사의 말씀을 드리며, 앞으로의 선택에 모두 성공의 결과만 있기를 진심으로 바란다.

100억 기업으로 만들어 M&A하라!

제1판 1쇄 | 2022년 4월 29일

지은이 | 문강호
펴낸이 | 오형규
펴낸곳 | 한국경제신문*i*
기획 · 제작 | ㈜두드림미디어
책임편집 | 배성분   디자인 | 노경녀 n1004n@hanmail.net

주소 | 서울특별시 중구 청파로 463
기획출판팀 | 02-333-3577
E-mail | dodreamedia@naver.com(원고 투고 및 출판 관련 문의)
등록 | 제 2-315(1967. 5. 15)

ISBN   978-89-475-4797-0 (03320)

**책 내용에 관한 궁금증은 표지 앞날개에 있는 저자의 이메일이나
저자의 각종 SNS 연락처로 문의해주시길 바랍니다.**